CONTES D'EUROPE

Les contes figurant dans la présente édition ont déjà paru aux Éditions du Seuil dans les ouvrages suivants : *L'Arbre à soleils*, *L'Arbre aux trésors* et *L'Arbre d'amour et de sagesse*.

Dépôt légal : novembre 2002
ISBN : 2-02-048611-3
N° 48611-1

www.seuil.com

HENRI GOUGAUD

CONTES D'EUROPE

ILLUSTRÉ PAR MARC DANIAU

SEUIL

La Mère des Contes

Où sont donc nés les contes, et pourquoi, et comment ? Une femme l'a su, aux premiers temps du monde. Qui l'a dit à la femme ? L'enfant qu'elle portait dans son ventre. Qui l'a dit à l'enfant ? Le silence de Dieu. Qui l'a dit au silence ?

Il était pour la première fois, dans la grande forêt des premiers temps, un rude bûcheron et son épouse triste. Ils vivaient pauvrement dans une maison basse, au cœur d'une clairière. Ils n'avaient pour voisins que des bêtes sauvages et ne voyaient passer, dehors, par la lucarne, que vents, pluies et soleils. Mais ce n'était pas la monotonie des jours qui attristait la femme de cet homme des bois et la faisait pleurer, seule, dans sa cuisine. De cela elle se serait accommodée, bon an, mal an. Hélas, en vérité, son mari avait l'âme aussi broussailleuse que la barbe et la tignasse. C'était cela qui la tourneboulait. Caressant, il l'était comme un buisson d'épines, et quand il embrassait en grognant sa compagne, ce n'était qu'après l'avoir battue. Tous les soirs il faisait ainsi, dès son retour de la forêt. Il poussait la porte d'un coup d'épaule, empoignait un lourd bâton de chêne, retroussait sa manche droite, s'approchait de sa femme qui tremblait dans un coin, et la rossait. C'était là sa façon de lui dire bonsoir.

Passèrent mille jours, mille nuits, mille roustes. L'épouse supporta sans un mot de révolte les coups qui lui pleuvaient chaque soir sur le dos. Vint une aube d'été sur la clairière. Ce matin-là, comme elle regardait son homme s'éloigner sous les grands arbres, sa hache en bandoulière, elle posa les mains sur ses hanches et pour la première fois depuis le jour de ses épousailles elle sourit. Elle venait à l'instant de sentir une vie nouvelle bouger là, dans son ventre. « Un enfant ! » pensa-t-elle, tremblante, émerveillée. Mais son bonheur fut bref, car lui vint aussitôt plus d'épouvante qu'elle n'en avait jamais enduré. « Misère, se dit-elle, qui le protégera si mon mari me bat encore ? En me cognant dessus, il risque de l'atteindre. Il le tuera peut-être avant qu'il ne soit né. Comment sauver sa vie ? En n'étant plus battue. Mais comment, Seigneur, ne plus être battue ? » Elle réfléchit à cela tout au long du jour avec tant de souci, de force et d'amour neuf pour son fils à venir qu'au soir elle sentit germer une lumière.

Elle guetta son homme. Au crépuscule il s'en revint, comme à son habitude. Il prit son gros bâton, grogna, leva son bras noueux. Alors elle lui dit :

– Attends, mon maître, attends ! J'ai appris aujourd'hui une histoire. Elle est belle. Écoute-la d'abord, tu me battras après.

Elle ne savait rien de ce qu'elle allait dire, mais un conte lui vint. Ce fut comme une source innocente et rieuse. Et l'homme demeura devant elle captif, si pantois et content qu'il oublia d'abattre son bâton sur le dos de sa femme. Toute la nuit elle parla. Toute la nuit il l'écouta, les yeux écarquillés, sans remuer d'un poil. Et quand le jour nouveau éclaira la lucarne, elle se tut enfin. Alors il poussa un soupir, vit l'aube, prit sa hache et s'en fut au travail.

Au soir gris, il revint. Elle l'entendit pousser la porte à grand fracas. Elle courut à lui.

– Attends, mon maître, attends ! Il faut que je te dise une nouvelle histoire. Écoute-la d'abord, tu me battras après.

À l'instant même un conte neuf naquit de sa bouche surprise. Comme la nuit passée son époux l'écouta, l'œil rond, le poing tenu en l'air par un fil invisible. Le temps parut passer comme un souffle. À l'aube elle se tut. Il vit le jour, se dit qu'il lui fallait partir pour la forêt, prit sa hache, et s'en alla.

Et quand le soir tomba vint encore une histoire. Neuf mois, toutes les nuits, cette femme conta pour protéger la vie qu'elle portait dans le ventre. Et quand l'enfant fut né, l'homme connut l'amour. Et quand l'amour fut né, les contes des neuf mois envahirent la terre. Bénie soit cette mère qui les a mis au monde. Sans elle les bâtons auraient seuls la parole.

Jean de la Vache

Jean de la Vache était un escogriffe maigre un peu perclus de la coiffe qui vivait avec sa braillarde de mère dans un vieux mas bancal et de partout fendu. Cet hiver-là, il avait givré à pâlir le nez d'un nègre et le printemps annoncé semblait corps et biens perdu dans les brumes. Du coup, l'avril venait et les dents claquaient encore sur des dîners de vent. Un matin, la vieille réveilla donc son fils d'une bonne gifle, pour le réchauffer, et lui dit :

– Jean, nous n'avons plus rien à manger. Il nous faut vendre la vache. Elle est un peu maigre, mais c'est une bonne bête, elle vaut bien cent écus. Va par le grand chemin, et fourgue-la au premier riche que tu rencontreras.

– Pétard de nom de mille, sur l'heure je m'en vais, répondit Jean.

Il chaussa ses sabots, enfonça son béret sur son crâne et s'en fut, l'enjambée longue et le genou cagneux, en tirant par la bride l'unique animal de son troupeau.

À une heure de marche était un monastère au beau portail, aux tours larges d'épaules, aux fenêtres luisantes. Comme Jean longeait sa muraille, il rencontra l'abbé du lieu qui faisait sa promenade du matin en lisant son bréviaire, le nez pointu sous son capuchon fourré. Ils se saluèrent, puis :

– Père abbé, dit Jean, j'ai cette vache à vendre. Pour cent écus elle est à vous.

L'autre leva le menton, bomba sa bedaine, considéra la bête par-dessus ses lunettes et répondit :

– C'est ce menu bestiau que tu appelles vache ? Selon mon œil, c'est une chèvre. Pour une chèvre, j'admets que c'est une belle chèvre. Mais jamais tu ne la feras passer pour une vache.

Ce bougre d'abbé était un filou.

–Vous plaisantez sans doute, ou vous voulez m'emberlificoter, répondit Jean, l'œil incrédule et le museau fendu jusqu'aux oreilles. Combien voulez-vous parier que c'est une vache ?

–Ce que tu voudras, dit l'abbé. Prenons pour arbitres les frères du monastère. S'ils disent que c'est une vache, je te donne cent écus. S'ils disent que c'est une chèvre, tu perds la bête et l'argent. D'accord ?

–D'accord. Sacré nom de printemps, il faut que je sache qui de nous deux est fou.

Les voilà donc entrant dans la cour du couvent. Le père abbé sonne la cloche du rassemblement, et lorgnant distraitement les nuées, un murmure sournois au coin de la bouche, affranchit l'un et l'autre de ses frères aussitôt accourus. Quand l'assemblée est au complet :

–Regardez bien cette bête, dit-il. Est-ce une vache, ou une chèvre ?

–Une chèvre, répondent les moines en chœur de belles basses.

Le plus vieux (un freluquet) se paie même le plaisir mesquin d'ajouter, dans un bêlement solitaire :

–Une belle chèvre, c'est sûr. Mais certainement pas une vache.

–As-tu entendu, mon fils ? dit le prieur. Tu as perdu ton pari.

–Sacré tonnerre de milliards de coquines du diable, grogne Jean. Me voilà berluré.

Il revient chez lui le nez bas, les bras ballants, le sabot traînard, et raconte sa mésaventure à sa mère. La vieille se jette contre sa poitrine en pleurant, l'embrasse désespérément, maudit ces foutus paillards de moines, puis soudain s'illumine, pointe l'index au ciel, rugit, flanque un coup de poing dans l'œil ébahi de son fils et dit :

– J'ai une idée. Déguise-toi en bonne femme, cache sous ta robe une bûche de chêne et va demander l'hospitalité au monastère. Quand tu te trouveras seul avec l'abbé, tu sortiras ton bâton de tes frusques et à grands coups tu lui feras cracher un par un ses cent écus, qu'il en reste plat comme une crêpe.

– J'y vais, dit Jean, un œil rouge et l'autre fier.

Il s'emperruque de crin, se farde de plâtre, se juponne de vieilles hardes, et le voilà parti. Sur le chemin du monastère il rencontre l'abbé qui faisait sa promenade du soir.

– La paix sur vous, lui dit Jean, contrefaisant la vieille pic. Accorderez-vous l'hospitalité à une pauvre pèlerine sur la route de Compostelle ?

– Entrez, bonne mère, lui dit le prieur.

À peine sont-ils dans la cour que sonne la cloche du dîner. Jean de la Vache partage le repas des moines, puis on le conduit dans un grenier où étaient des paillasses. Vers minuit, quand il n'entend plus que ronflements dans la bâtisse obscure, il se lève, descend à pas menus jusqu'à la chambre du père abbé, entre, réveille le bonhomme d'une beigne bien appliquée et lui dit, sortant son gourdin :

– Mes cent écus, sinon, par le pif de saint Morbion, je te casse la caboche.

Et il se met à le rouer de coups jusqu'à ce que l'abbé, pâle comme la lune et tremblant comme un peuplier, lui désigne le tiroir de sa commode. Alors Jean rengaine son arme, prend sa poignée d'or et décampe à toutes jambes. De retour chez lui, il fait tinter sa provision sous le nez de sa mère.

– Bien joué, lui dit la vieille. Maintenant, écoute : demain matin tu te déguiseras en charlatan, tu reviendras au monastère avec ce gourdin bien-aimé (elle le baise trois fois avec enthousiasme) et tu proposeras aux moines de cet onguent qui guérit les blessures. En vérité, c'est du suif. Ils te feront entrer chez l'abbé. Quand tu seras seul avec lui, tu le rosseras encore jusqu'à ce qu'il te rende la vache.

– D'accord, dit Jean.

Dès l'aube revenue, il se colle une barbe au menton, se coiffe d'une toque de loup, se ceinture de flacons et court au couvent. À peine a-t-il braillé deux fois à la pommade miraculeuse sous les fenêtres qu'un moine accourt, le dos courbé et les mains agitées.

– Notre pauvre père abbé est tombé dans l'escalier, dit-il. Il en est tout meurtri.

–Faites-moi confiance, dit Jean. Avec l'aide de sainte Viole, je vais le guérir.

On le conduit à la chambre où gît le courbatu. Il demande qu'on l'y laisse seul avec lui. Dès la porte fermée, il arrache sa barbe, brandit son gourdin, et l'air terrible :

–Ma vache, dit-il.

L'autre, tout bégayant, l'air effaré, lui répond qu'elle l'attend, et le mollet boiteux le conduit à l'étable.

Jean s'en retourne au mas, chevauchant son bestiau. Sa mère qui le guette sur le pas de sa porte est tant heureuse de le voir ainsi revenir qu'elle esquisse un pas de danse. Son sabot échappe à son pied lancé, s'envole, s'en vient cogner son fils en pleine face.

–Sacrée pétardière de pelle à fumier, nasille-t-il, veux-tu me tuer ?

–Non : te sauver, lui dit la vieille. Vite, fabrique maintenant une femme de paille et pends-la à la poutre de la cuisine. Fais-moi confiance, tu comprendras plus tard.

Pendant ce temps, au monastère, le père abbé réunit ses moines et leur tient ce discours :

–Jean de la Vache nous a chouravé cent écus, c'est intolérable. Il faut les récupérer. Je vais lui envoyer notre jardinier avec deux mulets chargés de légumes. En échange, nous lui ferons demander aimablement de rendre ce sac de belle monnaie dont le souvenir me mélancolise. Il ne pourra pas refuser.

Une heure plus tard, voilà donc le jardinier et ses deux mulets qui font halte devant le mas de Jean de la Vache. Jean l'invite à entrer dans sa cuisine, pour bavarder à l'aise. Le bonhomme, sur le seuil, sursaute, se frotte à deux poings les yeux.

– Ho, dit-il, Sainte Vierge, ai-je la berlue, ou est-ce bien une femme que je vois là pendue ?

– Ne t'inquiète pas de cette pétasse, lui répond Jean négligemment, en emplissant deux verres de vin. Ce n'est que ma mère. Hier soir, prise par je ne sais quel désir de dévergondage, elle a osé siffler une chanson militaire un peu paillarde en faisant la vaisselle. Elle méritait d'être punie. Alors je l'ai pendue.

« Mille millions de carcasses de libellules, se dit le jardinier, un homme qui pend sa mère pour si peu est capable de tout. » Il prend la main de Jean de la Vache, la secoue avec un empressement de colporteur pris de colique et lui dit :

– Bonsoir. Garde tout, les mulets, les légumes, les cent écus, et porte-toi bien.

Il oublie la porte, tant il est pressé de fuir. Il saute prestement par la fenêtre.

Et je vous quitte aussi, bonnes gens, car ma soupe est sur le feu et je crains qu'elle déborde.

L'Homme qui Courait après sa Chance

Il était une fois un homme malheureux. Il aurait bien aimé avoir dans sa maison une femme avenante et fidèle. Beaucoup étaient passées devant sa porte, mais aucune ne s'était arrêtée. Par contre, les corbeaux étaient tous pour son champ, les loups pour son troupeau et les renards pour son poulailler. S'il jouait, il perdait. S'il allait au bal, il pleuvait. Et si tombait une tuile du toit, c'était juste au moment où il était dessous. Bref, il n'avait pas de chance.

Un jour, fatigué de souffrir des injustices du sort, il s'en fut demander conseil à un ermite qui vivait dans un bois derrière son village. En chemin, un vol de canards laissa tomber sur lui, du haut du ciel, des fientes, mais il n'y prit pas garde, il avait l'habitude. Quand il parvint enfin, tout crotté, tout puant, à la clairière où était sa cabane, le saint homme lui dit :

– Il n'y a d'espoir qu'en Dieu. Si tu n'as pas de chance, lui seul peut t'en donner. Va le voir de ma part, je suis sûr qu'il t'accordera ce qui te manque.

L'autre lui répondit :

– J'y vais. Salut l'ermite !

Il mit donc son chapeau sur la tête, son sac à l'épaule, la route sous ses pas, et s'en alla chercher sa chance auprès de Dieu, qui vivait en ce temps-là dans une grotte blanche, en haut d'une montagne au-dessus des nuages.

Or en chemin, comme il traversait une vaste forêt, un tigre lui apparut au détour du sentier. Il fut tant effrayé qu'il tomba à genoux en claquant des dents et tremblant des mains.

– Épargne-moi, bête terrible, lui dit-il. Je suis un malchanceux, un homme qu'il vaut mieux ne pas trop fréquenter. En vérité, je ne suis pas comestible. Si tu me dévorais, probablement qu'un os de ma carcasse te trouerait le gosier.

– Bah, ne crains rien, lui répondit le tigre. Je n'ai pas d'appétit. Où vas-tu donc, bonhomme ?

– Je vais voir Dieu, là-haut, sur sa montagne.

– Porte-lui mon bonjour, dit le tigre en bâillant. Et demande-lui pourquoi je n'ai pas faim. Car si je continue à n'avoir goût de rien, je serai mort avant qu'il soit longtemps.

Le voyageur promit, bavarda un moment des affaires du monde avec la grosse bête et reprit son chemin.

Au soir de ce jour, parvenu dans une plaine verte, il alluma son feu sous un chêne maigre. Or, comme il s'endormait, il entendit bruisser le feuillage au-dessus de sa tête. Il cria :

– Qui est là ?

Une voix répondit :

– C'est moi, l'arbre. J'ai peine à respirer. Regarde mes frères sur cette plaine. Ils sont hauts, puissants, magnifiques. Moi seul suis tout chétif. Je ne sais pas pourquoi.

– Je vais visiter Dieu. Je lui demanderai un remède pour toi.

– Merci, voyageur, répondit l'arbre infirme.

L'homme au matin se remit en chemin. Vers midi il arriva en vue de la montagne. Au soir, à l'écart du sentier qui grimpait vers la cime, il vit une maison parmi les rochers. Elle était presque en ruine. Son toit était crevé, ses volets grinçaient au vent du crépuscule. Il s'approcha du seuil, et par la porte entrouverte il regarda dedans. Près de la cheminée une femme était assise, la tête basse. Elle pleurait. L'homme lui demanda un abri pour la nuit, puis il lui dit :

– Pourquoi êtes-vous si chagrine ?

La femme renifla, s'essuya les yeux.

– Dieu seul le sait, répondit-elle.

– Si Dieu le sait, lui dit l'homme, n'ayez crainte, je l'interrogerai. Dormez bien, belle femme.

Elle haussa les épaules. Depuis un an la peine qu'elle avait la tenait éveillée tout au long de ses nuits.

Le lendemain, le voyageur parvint à la grotte de Dieu. Elle était ronde et déserte. Au milieu du plafond était un trou par où tombait la lumière du ciel. L'homme s'en vint dessous. Alors il entendit :

– Mon fils, que me veux-tu ?

– Seigneur, je veux ma chance.

– Pose-moi trois questions, mon fils, et tu l'auras. Elle t'attend déjà au pays d'où tu viens.

– Merci, Seigneur. Au pied du mont est une femme triste. Elle pleure. Pourquoi ?

– Elle est belle, elle est jeune, il lui faut un époux.

– Seigneur, sur mon chemin j'ai rencontré un arbre bien malade. De quoi souffre-t-il donc ?

– Un coffre d'or empêche ses racines d'aller chercher profond le terreau qu'il lui faut pour vivre.

– Seigneur, dans la forêt est un tigre bizarre. Il n'a plus d'appétit.

– Qu'il dévore l'homme le plus sot du monde, et la santé lui reviendra.

– Seigneur, bien le bonjour !

L'homme redescendit, content, vers la vallée. Il vit la femme en larmes devant sa porte. Il lui fit un grand signe.

– Belle femme, dit-il, il te faut un mari !

Elle lui répondit :

– Entre donc, voyageur. Ta figure me plaît. Soyons heureux ensemble !

– Hé, je n'ai pas le temps, j'ai rendez-vous avec ma chance, elle m'attend, elle m'attend !

Il la salua d'un grand coup de chapeau tournoyant dans le ciel et s'en alla en riant et gambadant. Il arriva bientôt en vue de l'arbre maigre sur la plaine. Il lui cria, de loin :

– Un coffre rempli d'or fait souffrir tes racines. C'est Dieu qui me l'a dit !

L'arbre lui répondit :

– Homme, déterre-le. Tu seras riche et moi je serai délivré !

– Hé, je n'ai pas le temps, j'ai rendez-vous avec ma chance, elle m'attend, elle m'attend !

Il assura son sac à son épaule, entra dans la forêt avant la nuit tombée. Le tigre l'attendait au milieu du chemin.

– Bonne bête, voici : tu dois manger un homme. Pas n'importe lequel, le plus sot qui soit au monde.

Le tigre demanda :

– Comment le reconnaître ?

– Je l'ignore, dit l'autre. Je ne peux faire mieux que de te répéter les paroles de Dieu, comme je l'ai fait pour la femme et pour l'arbre.

– La femme ?

– Oui, la femme. Elle pleurait sans cesse. Elle était jeune et belle. Il lui fallait un homme. Elle voulait de moi. Je n'avais pas le temps.

– Et l'arbre ? dit le tigre.

– Un trésor l'empêchait de vivre. Il voulait que je l'en délivre. Mais je t'ai déjà dit : je n'avais pas le temps. Je ne l'ai toujours pas. Adieu, je suis pressé.

– Où vas-tu donc ?

– Je retourne chez moi. J'ai rendez-vous avec ma chance. Elle m'attend, elle m'attend !

– Un instant, dit le tigre. Qu'est-ce qu'un voyageur qui court après sa chance et laisse au bord de son chemin une femme avenante et un trésor enfoui ?

– Facile, bonne bête, répondit l'autre étourdiment. C'est un sot. À bien y réfléchir, je ne vois pas comment on pourrait être un sot plus sot que ce sot-là.

Ce fut son dernier mot. Le tigre enfin dîna de fort bon appétit et rendit grâce à Dieu pour ses faveurs gratuites.

Le Violoneux

Il était un jour dans la ville d'Echternach un jeune homme nommé Guy le Long. Qui l'avait une fois rencontré ne pouvait l'oublier, tant son allure était singulière. Certes, son corps était convenablement recouvert de peau, de muscles et de nerfs, mais il était si grand qu'il paraissait fragile et sans cesse menacé de se briser au moindre vent. En vérité, tout en lui était démesuré : son visage, ses bras, ses mains osseuses, ses jambes qui l'emportaient en pas immenses, essoufflant à son train ceux qui voulaient le suivre. Nul ne songeait pourtant à rire de lui, car sa figure était belle.

Maigre sans doute, mais environnée de cheveux bouclés brillants comme la paille, et illuminée par un regard d'une infinie douceur.

Il advint qu'une jeune fille se prit d'amour pour ce regard. Guy l'épousa de grand cœur, et comme ils étaient ensemble aussi bon chrétiens qu'aventureux, le désir leur vint, à peine mariés, d'aller faire un pèlerinage en Terre sainte. Ils confièrent donc leurs vignes aux soins de leurs oncles et cousins, et s'en furent en promettant de revenir bientôt. Or les saisons passèrent et personne, à Echternach, ne les vit reparaître. Après quelques années d'attente sans nouvelles, on les crut morts. Alors la famille de Guy le Long se partagea les biens qu'il avait placés sous sa garde, et l'on oublia le jeune homme et son épouse emportés par les vents du monde.

Pourtant, après dix ans de voyage hasardeux, Guy revint seul, un jour de Pâques. Il avait changé. Son front s'était ridé, ses tempes avaient blanchi, son bon regard s'était voilé de mélancolie, mais nul ne put douter que ce fût lui : son allure et sa haute taille ne pouvaient être de personne d'autre. On l'accueillit avec une joie quelque peu contrainte. Les gens de sa famille s'étaient habitués à son absence, et pire : la pensée qu'il leur fallait maintenant restituer ses biens à ce vagabond leur déplut extrêmement, dès qu'ils furent revenus de leur surprise. Ils l'invitèrent pourtant à s'asseoir à leur table, et lui demandèrent ce qu'était devenue sa femme.

– Elle est morte, dit-il, baissant la tête. Nous avons traversé bien des misères, bien des dangers, et je reviens plus pauvre que je ne suis parti. Je n'ai rapporté de mon voyage que cet instrument dont j'ai appris à jouer, et qui allège ma peine quand elle se fait trop pesante.

Il sortit de son sac un violon et ajouta, la voix brisée, qu'il avait trouvé cet objet dans une cave de la Ville sainte où il avait cherché refuge, le jour où les Sarrasins avaient massacré son épouse. Puis, après avoir longtemps soupiré, il demanda si l'on avait pris soin de ses vignes. On ne lui répondit pas, et comme il paraissait fatigué, on l'amena se coucher.

Dès qu'il fut endormi, ses oncles et cousins tinrent conseil autour de la lampe et convinrent à mi-voix qu'il leur était décidément trop désagréable de rendre ses terres à ce malvenu qui avait eu l'inconvenance d'échapper à tous les périls. Mais comment faire en sorte de ne rien lui devoir? Après longtemps de grognements, l'un d'eux serra ses poings sur la table et dit:

– Accusons-le d'avoir tué sa femme. Ainsi la justice nous débarrassera de lui.

Ses compères trouvèrent l'idée excellente. Quelques jours plus tard, après avoir allumé la rumeur par les ruelles, ils s'en furent voir le juge de la ville. Guy fut bientôt cité à comparaître. On lui rapporta l'accusation, et on lui demanda ce qu'il avait à répondre. Il protesta de son innocence, mais ne put la prouver. On s'en remit donc au jugement de Dieu. Le malheureux pèlerin se trouva ainsi forcé d'affronter en combat singulier l'un de ceux qui l'avaient accusé.

– Le duel aura lieu cinquante jours après Pâques, lui dit-on. Si tu en sors vaincu, tu seras déclaré coupable. Si tu en sors vainqueur, tu seras reconnu innocent.

En attendant, il fut jeté en prison. Il ne s'y désola pas trop : on lui avait laissé son violon.

Au matin de la Pentecôte, il fut mené sur la place de la ville où l'attendait le plus robuste de ses cousins. Le combat ne dura guère. D'un revers de main cet énorme bûcheron jeta à terre le grand flandrin au bon regard et posa le pied sur sa gorge. Il fut aussitôt condamné à être pendu pour expier le meurtre de sa femme, qu'il n'avait pas commis.

Le lendemain, à l'heure de midi, on le mena au supplice. Il y marcha de son grand pas, la tête haute et le regard lointain, portant son dernier bien suspendu à l'épaule : son violon, avec lequel il désirait mourir. Au pied de la potence, ses juges lui demandèrent

s'il avait une ultime volonté qu'il soit possible de satisfaire.

–J'aimerais offrir au peuple une danse de mon violon, répondit-il.

On lui accorda cette grâce. Il monta sur l'estrade où l'attendait la corde, se retourna vers la foule silencieuse, posa l'instrument contre sa joue penchée, prit l'archet à sa ceinture et tandis qu'un rayon de soleil dans sa chevelure auréolait son visage, il se mit à jouer.

Ce fut d'abord comme une cascade de musique grêle mais allègre, entraînante, pareille aux scintillements d'un ruisseau. La foule étonnée se tut. Mille visages aux bouches bées, aux yeux grands ouverts parurent un moment s'abreuver de ce prélude qui leur tombait dessus. Alors le violon de Guy le Long se mit à gémir et sangloter, à se gonfler aussi de colère, de longs cris sourds. Des femmes parmi le peuple portèrent les mains à leur gorge, comme si quelque malheur soudain les étouffait, des larmes mouillèrent des regards. Guy redressa hautement la tête, ses lèvres se mirent à bouger comme s'il priait, et sa musique se fit si doucement suppliante que la foule envoûtée, tous sens perdus, tomba à genoux.

Alors, tout à coup, les plaintes du violon cessèrent et déferla de lui une musique effrénée, violente, véhémente, joyeuse. Les hommes, les femmes, les vieillards, les parents de Guy le Long, les juges, le bourreau sur l'estrade, tous, pris d'agitation irrépressible se mirent à danser, la tête renversée, à frapper du pied, à lever les genoux, à tendre les bras au ciel, pareils à des pantins gouvernés par un tout-puissant magicien.

Guy, les voyant ainsi, descendit parmi eux, sans cesser de jouer. La foule s'ouvrit pour lui livrer passage. Il la traversa de son ample et lente enjambée, l'archet bondissant sur son violon, au bout de ses longs doigts. Tandis qu'il s'éloignait, sa musique décrut. Quand il eut disparu au fond de la place, les gens peu à peu reprirent leurs esprits, parurent s'éveiller d'un pénible sommeil, se regardèrent, hébétés. Seuls bientôt ne dansèrent plus parmi la foule que les oncles et cousins de Guy le Long, frappés d'une telle folie que, même au milieu des cris qui tentaient de les ramener au monde, ils s'obstinèrent dans leurs convulsions, agitant pieds et jambes, battant des mains, le regard égaré.

Ainsi dansèrent-ils cinq jours entiers. Il fallut, pour les arracher à ce supplice, que l'on appelle l'évêque d'Utrecht à leur secours. Il accourut et, par la puissance de ses prières, les délivra. Les accusateurs, revenus à la clarté du jour, se confessèrent, se repentirent en pleurant d'avoir faussement accusé leur parent et

moururent dans la nuit qui suivit. Les quinze autres membres de leur famille survécurent, mais nul ne put les guérir du tremblement perpétuel dont ils se trouvèrent affligés jusqu'à la fin de leur vie.

Quant à Guy le Long, personne ne le revit jamais dans la ville d'Echternach, mais on entendit longtemps parler dans le pays d'un violoneux fantomatique dont la même musique, quand on croisait le vent qui la portait, apaisait les bonnes gens et rendait fous les méchants. Puis cette rumeur s'éteignit, et les hommes s'en furent remuer d'autres mystères dans le grand sac de la vie.

Halewyn

Il était une fois au bord de l'océan un beau château dressé sur le roc et l'écume. Jusqu'aux brumes du ciel il s'élevait. Au plus haut de ses murs était une fenêtre sans cesse environnée d'oiseaux. Là se tenait Lauriane, tous les jours de sa vie, à guetter le lointain, seule et mélancolique. Un soir, près de son père assis devant le feu dans sa chambre fermée :

– Pourquoi ne suis-je pas comme les autres filles ? dit-elle tristement. J'en vois certains matins qui vont sur les rochers, elles jouent, elles rient, elles dansent. Parfois je les appelle. Elles lèvent le front et courent à la mer. Alors je tends les mains aux aigles, mais ils passent. Et je reste à pleurer.

Son père répondit :

–Lauriane, fille aimée, n'as-tu pas les bijoux les plus précieux du monde, les jeux les plus subtils, les robes les plus belles ? Que voudrais-tu, dis-moi, qui manque à ton bonheur ?

–J'aimerais être pauvre et libre de courir dans les embruns salés.

Son père dans son grand fauteuil baissa la tête. Son visage pâlit, et son front se rida.

–Fille, fille, dit-il, j'irai pour toi chercher la lune et les étoiles, à Dieu pour ton plaisir j'irai les demander, mais par pitié pour moi oublie la porte en fer qui ouvre sur la mer, oublie le vent salé, oublie le bruit des vagues !

–Si pour l'amour de toi je dois rester captive, mon père, au moins dis-moi quel crime j'ai commis.

–Un secret me tourmente.

–Délivre-toi de lui. Délivre-nous ensemble.

Le vieil homme demeura silencieux un moment. Il soupira. Il dit enfin :

–Hélas, la vérité un jour doit être dite, et ce jour est venu. Ma fille, écoute-moi. Au bord de l'océan est un grand rocher noir. Sache qu'il est maudit. Ta mère, au lendemain de ta venue au monde, m'appela auprès d'elle et me dit : « Mon mari, Lauriane notre enfant est fille d'Halewyn. » Et mon épouse m'apprit qu'un jour de vent, comme elle allait rêvant sur le grand rocher noir, lui apparut au loin une île dans la brume. De cette île lui vint une voix qui disait : « Dame au visage fier, dame aux longs cheveux d'or, je t'attends, viens à moi. » Et cette voix était si tendre, captivante et douloureuse et belle qu'elle sentit son âme et son corps emportés sur le vaste océan jusqu'au bord de cette île où était Halewyn. Avant de trépasser ta mère mon épouse sur Dieu m'a fait promettre de te garder toujours dans ce château fermé. Car si tu le quittais ton cœur t'échapperait, tu courrais aussitôt sur le grand rocher noir, tu entendrais la voix qui vient de ce pays au-delà de la vie où Halewyn sans cesse éperdument t'appelle et t'attend et t'espère.

Lauriane près du feu resta tant étonnée qu'à peine elle entendit son père la quitter. Dès qu'elle fut seule dans sa chambre elle joignit les mains, et contemplant la nuit par la fenêtre ouverte :

– Étoiles qui m'avez vue naître, dit-elle, qui est cet Halewyn à la voix merveilleuse qui emporta ma mère, et pourquoi voudrait-il m'emporter moi aussi ?

Mais les étoiles au ciel demeurèrent muettes, et les saisons passèrent, et mille fois Lauriane interrogea le ciel :

– Soleil qui m'a vue vivre, beaux oiseaux, vent joyeux, qui est cet Halewyn ?

Et mille fois le ciel demeura silencieux. Et Lauriane se tut, et se tut si longtemps qu'elle tomba malade. Vinrent des médecins. Ils dirent à son père :

– Seigneur, elle va mourir.

Son père alors s'assit devant le feu et dit :

– Fille, ma fille aimée, je sais de quoi tu souffres. Ce n'est pas maladie de terre mais de lune. Tes yeux ne s'ouvrent plus, tes mains se refroidissent. Des nuées de corbeaux là-dehors se rassemblent. Va ta vie, mon enfant. Je te donne la clé de la porte de fer qui ouvre sur la mer. Prends aussi mon épée. Qu'elle soit ton conseil. Et quoi qu'elle t'ordonne, sans faute obéis-lui.

Lauriane se leva, elle embrassa son père, descendit l'escalier et sortit du château.

La brise, les embruns aussitôt l'enivrèrent. Elle courut au bord de l'océan, bondit de roc en roc dans des éclats d'écume, gravit le rocher noir parmi les cris des mouettes. Quand elle fut en haut elle ferma les yeux et se baigna de vent. Alors vint une voix lointaine et pourtant aussi proche d'elle que la voix même de son âme, et seule face aux vagues elle entendit ces mots :

– Fille au visage fier, fille aux longs cheveux d'or, je t'attends, viens à moi ! Tu n'es pas de ce monde où te gardait ton père, tu es de ce pays où je t'espère tant !

Elle s'abandonna à cette voix, se sentit emportée, légère, dans la brume et le vent turbulent.

– Adieu, dit-elle à son rivage.

Elle ferma les yeux. Après un bref voyage, elle sentit à nouveau la terre sous ses pas. Autour d'elle n'étaient qu'herbe tendre et buissons fleuris. Vers la forêt voisine où bruissaient mille oiseaux elle s'avança. Alors un cavalier sortit des hauts feuillages. Son cheval était noir. Son habit était rouge. Son regard était clair, innocent et si doux que le cœur de Lauriane lui bondit hors du corps. Devant elle il mit pied à terre.

– Je suis Halewyn, lui dit-il.

Il soupira, sourit. Dans un souffle elle dit :

– Seigneur, quelle merveille.

– Je t'ai tant appelée, dit-il.

– Halewyn, me voici. Je ne désire rien que te servir toujours, lui répondit Lauriane.

Il lui prit à deux mains tendrement le visage.

– C'est ta vie que je veux, dit-il.

Elle répondit :

– Mon prince, elle est à toi.

Il l'aida à monter derrière lui en croupe. Le cheval au galop s'enfonça dans le bois. D'abord tout alentour ne fut que soleil vif au travers des feuillages, puis vint la fin du jour, et la rumeur du vent.

– Halewyn, Halewyn, je me sens fatiguée, reposons-nous ici, par pitié, dit Lauriane.

Halewyn répondit :

– Le temps nous manque, amie, des princesses t'attendent, bientôt tu connaîtras le repos long et doux.

La lune froide vint, et Lauriane gémit :

– Seigneur, je suis glacée. Quand arriverons-nous ?

– Amie, nous approchons.

Encore ils chevauchèrent. Le cheval s'arrêta soudain sous un grand arbre. Halewyn dit :

– Regarde.

Aux branches étaient pendus de misérables corps en longues robes blanches.

– Ce sont là tes compagnes, dit encore Halewyn. Vois comme elles sourient. Elles te font accueil. Bientôt ma bien-aimée tu seras parmi elles, plus belle qu'elles sont, plus haute, plus légère.

Lauriane murmura :

– Me faut-il donc mourir ?

– Tu m'as donné ta vie, répondit Halewyn. Descendons de cheval et sois ici ma femme.

Sa voix était terrible et pourtant délicieuse. Ils mirent pied à terre. Lauriane à son côté prit l'épée de son père et murmura, tremblante :

– Lame de bon conseil, dis-moi, que faut-il faire ?

L'épée lui répondit :

– Décolle-lui la tête.

Lauriane leva l'arme, et tandis qu'Halewyn lui tendait les mains elle trancha son col, et la tête abattue

roula dans l'herbe noire. Alors du cou tranché sortit une voix pure comme une âme naissante :

– Lauriane, mon aimée, retourne maintenant cette épée contre toi. Dans la mort je t'attends, dans la mort je t'espère !

Pour la deuxième fois Lauriane murmura :

– Lame de bon conseil, dis-moi, que faut-il faire ?

L'épée lui répondit :

– Décolle-lui les bras.

En deux coups ce fut fait. Alors du corps sans tête et sans bras d'Halewyn une voix s'éleva, éperdue, magnifique :

– Lauriane, mon aimée, retourne contre toi cette arme et viens à moi ! Dans le pays sans fond je t'attends, je t'espère !

Pour la troisième fois Lauriane murmura :

– Lame de bon conseil, dis-moi, que faut-il faire ?

L'épée lui répondit :

– Décolle-lui les jambes.

Et Lauriane obéit, mais le corps d'Halewyn demeura suspendu entre l'ombre du sol et celle du feuillage.

– Oh pur amour de moi, dit la voix de l'amant pareille au chant du cœur du monde, ne m'abandonne pas, je t'attends, je t'espère !

Et les femmes pendues aux branches du grand arbre se mirent à gémir si lamentablement que Lauriane sentit sa poitrine se fendre.

– Oh reine viens à nous, délivre-toi du monde, nous sommes tes servantes au seuil de ton royaume !

Alors l'épée rugit :

– Fille, tiens-toi debout ! Disperse dans le bois les bras avec les jambes, prends la tête et va-t'en !

Aux quatre coins du bois Lauriane dispersa les membres, prit la tête, bondit sur le cheval d'Halewyn, chevaucha follement à travers la forêt.

À l'aube elle parvint au bord de l'océan. Les vagues écumaient contre les rochers sombres. Là, dans le vent furieux, se tenait une vieille au dos courbe, au long châle flottant comme un drapeau de deuil.

– Femme, lui dit Lauriane, comment quitter cette île ? Parle si tu le sais.

La vieille regarda la tête d'Halewyn, caressa ses cheveux et se mit à pleurer.

– Halewyn, Halewyn au chant si beau, dit-elle, moi qui t'ai tant cherché sans jamais te trouver !

Puis désignant un creux de grotte aux eaux tranquilles :

– Fille, là est sa barque. Monte à son bord et va, elle te mènera au pays des vivants.

Le vent gonfla la voile et la barque s'en fut. Et comme elle naviguait, Lauriane sur son cœur prit la tête précieuse et lui dit :

– Halewyn, je t'emporte au pays des vivants. Je t'ai donné ma vie. Jusqu'à mon dernier souffle ni de jour ni de nuit je ne te quitterai.

Et quand elle aborda au château de son père on fit de grandes fêtes. Et dans la salle haute où l'on avait dressé le banquet du retour chacun la vit entrer avec, sur un plat d'or, la tête d'Halewyn. Et quand elle s'assit, elle mit cette tête à la place d'honneur et ordonna qu'on serve Halewyn son époux.

La Légende d'Etaine

Mider est un guerrier au sang vif, à la crinière flamboyante, au regard couleur d'océan, vert et gris. Oengus est son fils adoptif. L'amitié qui unit ces deux hommes est aussi puissante qu'un roc de granit : jamais aucune tempête ne pourra la déraciner. Un jour, à Brug, le domaine d'Oengus, au cours d'une fête violente, Mider est blessé durement. Un dieu-médecin le guérit mais la coutume celtique veut que le maître de Brug répare l'affront subi par Mider son invité.

– Que veux-tu de moi ? demande Oengus.

– Je veux, répond Mider, un char, un beau manteau et la plus belle fille d'Irlande.

Le char et le manteau lui sont aussitôt donnés. La plus belle fille d'Irlande, c'est Etaine, fille d'Aïllil, le roi. Oengus s'en va donc sur son cheval de guerre demander au roi Aïllil sa fille pour Mider. Aïllil exige qu'elle soit payée.

– Je veux, dit-il, en échange d'Etaine, son poids en pièces d'or.

Oengus paie. Il emporte sur son cheval Etaine la merveilleuse.

La voici maintenant devant Mider, tandis que Oengus s'éloigne dans le vent mouillé, sur le long chemin. Mider la regarde, elle regarde Mider, ils sont face à face, ils n'osent dire un mot ni faire un geste. Entre cette fille vendue et ce guerrier insouciant, naît en cet instant un amour éblouissant, si pur et si profond – ils le savent en cet instant miraculeux – que le temps ni la mort n'auront sur lui jamais de prise. Or Mider est marié à une femme qui n'a jamais voulu s'habiller que de noir. Blonde et noire, telle est Fuamnach, l'épouse. Elle est aussi la plus redoutable sorcière d'Irlande. Dans le jardin de son château, Mider s'avance avec Etaine. Fuamnach à sa fenêtre voit aussitôt l'amour qui les unit. Elle ne dit rien, mais elle serre si fort les poings que ses ongles font saigner le creux de ses mains.

Le jour passe et la nuit. À l'aube, Etaine sort dans le jardin, respire le parfum de l'herbe mouillée. Alors Fuamnach la magicienne tout à coup apparaît devant elle, le regard étincelant, et lève sa longue main pâle. Etaine tombe, foudroyée. Quand Mider vient la rejoindre, il ne la voit pas, il ne la trouve nulle part, le jardin est désert jusqu'à l'horizon. Mais un insecte rouge, d'une beauté fascinante, vient se poser sur sa main. Le bruissement de ses ailes est plus doux que les plus merveilleuses musiques, ses yeux brillent comme des pierres précieuses. Le cœur de Mider cogne dur dans sa poitrine. Cet insecte, c'est Etaine, métamorphosée par Fuamnach l'impitoyable qui a aussitôt disparu : son forfait accompli, elle est partie se réfugier chez son père, pour échapper à la vengeance de Mider.

Mider emporte avec lui Etaine l'insecte précieux : aussi longtemps qu'elle reste avec lui, sa seule présence le nourrit, et ses ailes répandent une rosée qui guérit de toute maladie. Mider, mélancolique mais paisible, ne peut vivre qu'en sa présence. Cette paix pourtant ne dure pas. Derrière les murailles du château de son père, Fuamnach la magicienne enrage de voir Mider illuminé par l'amour fou qu'il porte maintenant à sa femme-insecte. Alors elle fait lever une bourrasque furieuse qui emporte au loin Etaine dans ses tourbillons. Pendant sept ans souffle le vent. Pendant sept ans Etaine ne trouve en Irlande ni branche ni buisson ni colline où se poser. Elle erre dans les airs jusqu'à ce que sept ans soient écoulés. Alors elle tombe dans un pli du manteau de Oengus, le fils adoptif de Mider. Oengus, émerveillé, la pose sur sa poitrine et l'emporte dans la plus belle chambre de son château : la chambre-de-soleil dont les murs et le plafond sont de cristal pur. Oengus la dépose sur un coussin pourpre. Il emplit sa chambre-de-soleil de fleurs et d'herbes précieuses. Ainsi Etaine-l'insecte reprend vie et prospère.

Mais Fuamnach la sorcière n'a pas désarmé. Elle voit resplendir à nouveau sa rivale, elle enrage et tend ses longues mains vers le ciel, sur la plus haute tour de son château. Elle appelle une nouvelle tempête, un ouragan terrifiant qui fracasse la chambre-de-soleil et emporte à nouveau Etaine dans les nuages d'Irlande. Fuamnach vient d'accomplir là son dernier forfait. Oengus, pris de fureur, part à sa poursuite. Il chevauche dans la bourrasque, sous le ciel bas. Il abat les portes du château de Fuamnach. Fuamnach s'enfuit, elle court, sa chevelure blonde déployée et les pans de sa longue robe noire claquant derrière elle. Elle court jusqu'aux derniers rochers d'Irlande, au bord de l'océan. Jusqu'aux derniers rochers d'Irlande, Oengus

la poursuit. Là, elle tombe à genoux face au grand large. Le guerrier la saisit par les cheveux, tranche sa tête, ses quatre membres et disperse son corps dans les vagues.

Alors la tempête s'apaise et loin, très loin de là, l'insecte merveilleux tombe, à bout de forces, par la fenêtre ouverte d'une vaste maison, dans une coupe d'eau qu'une femme porte à ses lèvres. Cette femme, c'est l'épouse d'Etar, homme sage aux paroles rares. Elle avale l'insecte. Aussitôt elle sent dans son ventre bouger une nouvelle vie. Au jour juste elle met au monde une fille : c'est Etaine, enfin ressuscitée, Etaine désormais fille d'Etar mais toujours aussi belle, toujours amoureuse, au-delà du temps et des métamorphoses, de l'homme qu'il lui faut désormais retrouver : Mider, le guerrier.

Elle a maintenant, dans sa nouvelle vie, dix-sept ans. Elle ne distingue plus, dans sa mémoire, les images et les visages de sa vie passée. Le roi d'Irlande, Eochaïd, la rencontre, un jour, au bord d'une fontaine. Il est aussitôt émerveillé par sa beauté. Elle est vêtue d'un manteau brodé de pourpre. Ses cheveux sont coiffés en deux tresses couleur d'or. Elle les dénoue pour les laver dans l'eau claire, elle les prend à deux mains. Elles sont plus blanches, ses mains, que la neige à peine tombée. Ses lèvres sont rouges et fines, ses yeux verts et gris, elle sourit, et le roi Eochaïd est aussitôt amoureux d'elle. Il la veut pour femme. Elle ne peut repousser le roi, elle n'en a pas le droit. Elle ne peut refuser d'être sacrée reine. Elle suit donc Eochaïd dans sa forteresse de Tara. À Tara, longtemps elle vit mélancolique dans les jardins royaux, sous les grands arbres, parmi des gens paisibles qui chantent, à toute occasion, sa beauté. Un jour, elle rencontre Anglonnach, le frère du roi Eochaïd. À peine cet homme noble l'a-t-il vue qu'il l'aime lui aussi, à perdre corps et âme. Mais il se tait. Il ne veut, il ne peut déshonorer la reine. Il dissimule sa passion jusqu'au jour où Eochaïd, qui part en guerre, lui confie Etaine. Alors Anglonnach ne peut plus supporter, ne peut plus porter seul sa souffrance. Il l'avoue. Il dit à la reine Etaine :

– Je suis fatigué de me battre contre moi-même. Mon amour pour toi est sans fin, comme le ciel.

Etaine le regarde avec affection. Sans doute a-t-elle pitié de lui, elle voit dans les yeux d'Anglonnach une lueur qui la bouleverse. Elle lui répond :

– Viens ce soir hors de la citadelle, dans ma maison au bord de la rivière.

La nuit tombe. La lune et son troupeau d'étoiles brillent dans le ciel. Etaine attend dans sa maison. La porte grince, s'ouvre. Ce n'est pas Anglonnach qui

apparaît devant elle. C'est Mider, qui l'aime d'amour absolu depuis plusieurs vies, Mider qu'elle a si longtemps perdu et qui lui dit, là, debout, après un long silence ébloui :

– Souviens-toi, tu étais mon épouse autrefois, la magie de Fuamnach nous a séparés, tu as ressuscité dans le corps de la femme d'Etar, souviens-toi.

Alors la mémoire revient dans l'esprit d'Etaine, et avec la mémoire, l'amour fou. Mider dit encore :

– Anglonnach dort à cette heure dans sa chambre, libéré de toute passion. Dans son esprit où j'étais entré par sorcellerie, c'est moi qui t'aimais, c'est moi qui souffrais de te voir femme de roi. Maintenant, je suis venu te chercher. Veux-tu venir avec moi ?

Etaine répond :

– Je suis la reine de ce pays. Mais je viendrai avec toi si Eochaïd y consent.

Le jour où le roi Eochaïd revient de guerre, dans sa forteresse de Tara, Mider l'attend. Ensemble ils fraternisent, ils sont tous les deux des héros. Ils festoient, ils mangent et boivent, Eochaïd raconte ses victoires. Au milieu de la nuit, enfin, Mider propose au roi une partie d'échecs.

– L'enjeu, dit-il, sera ce que le gagnant décidera.

Le roi Eochaïd accepte, et la partie s'engage. À l'aube, Mider a gagné. Le roi Eochaïd se lève et d'un revers de main renverse les pièces du jeu qui roulent sur les dalles. Il est furieux, mais loyal.

– Que veux-tu, dit-il, pour prix de ta victoire ?

Mider répond :

– Ta femme. Etaine.

Eochaïd les yeux étincelants pose le poing sur son épée. Un moment il hésite. Il dit enfin :

– Demain, à midi, je te la donnerai. Maintenant va-t'en.

Mider quitte la forteresse. Eochaïd prend à deux mains sa tête. Il ne veut pas tenir parole. Il cherche comment tromper son vainqueur, il réfléchit, longuement. Le lendemain quand Mider se présente devant les murailles de Tara, cinq cents soldats lui interdisent l'entrée. Eochaïd sur le rempart éclate d'un rire formidable. En bas, sur le chemin, Mider lève la tête. Le roi lui crie :

– Si à midi sonnant tu n'es pas devant moi, dans la plus haute chambre de mon château, je serai délié de ma promesse.

À midi sonnant, la porte de la plus haute chambre du château s'ouvre. Mider entre. Il est puissant, aussi vif, aussi beau qu'au temps de sa jeunesse mais sa longue vie l'a doué de pouvoirs magiques : il s'est rendu invisible et s'est faufilé parmi les soldats assemblés. Etaine est là, avec le roi. Elle vient vers celui qu'elle aime depuis plusieurs vies. Eochaïd pousse un rugissement de fauve. Il tire son épée. Alors Mider, de son bras droit, enlace la taille d'Etaine. Ensemble ils s'élèvent dans l'air, disparaissent, s'évaporent. Les guerriers accourus voient le roi penché à la fenêtre, qui regarde en gémissant deux oiseaux blancs dans le ciel. Deux oiseaux blancs qui s'éloignent de Tara, sur la plaine. Etaine et Mider à jamais réunis.

Le Chevalier-Fée

Sur la profonde forêt de Carterhaugh régnait autrefois un chevalier impitoyable autant que beau. Son nom était Tamlan, et l'on disait de lui qu'il était le fils de la reine des fées. Il épouvantait le cœur des filles alentour, il enrageait aussi l'esprit des pères car, de chaque vierge rencontrée dans le sous-bois, il exigeait brutalement l'amour. Aucune ne se risquait donc dans cette forêt, et toutes frémissaient aux récits des chevauchées de Tamlan l'Effrayant parmi les grands arbres.

Or il advint que la princesse Janet, fille du roi de ce pays, écoutant un soir vanter la terrible beauté de ce chevalier-fée, se sentit soudain malgré sa peur l'irrépressible désir d'affronter son regard. À personne elle n'en parla. Toute la nuit elle en rêva. Le lendemain, dès le jour levé, elle s'en fut en secret, blonde et vive, sous les sombres feuillages que trouaient de-ci, de-là les rayons de soleil. Jusqu'à la source de Carterhaugh, parmi les chants d'oiseaux, elle chemina. Au bord de cette source était un rosier blanc. De ce rosier, Janet cueillit une branche où étaient deux roses jointes. Aussitôt retentit au loin un bruit sourd de galop et surgit sur le sentier un cavalier vêtu de gris sur un cheval blanc comme lait. C'était Tamlan. Janet fut éblouie par sa puissance et le sombre éclat de ses yeux. Elle lui dit :

– Chevalier, de bon cœur je veux vous aimer.

Elle lui tendit sa rose double. Il mit pied à terre et ouvrit sa main.

Ensemble ils vécurent trois mois sans se lasser l'un de l'autre. Après ce temps d'amour violent et doux, Janet se sentit prise d'enfant. Alors, au bord de la fontaine, elle ferma sa robe verte et rattacha ses blonds cheveux, puis elle s'en revint à la cour du roi son père. Dans le jardin du palais, vingt-cinq belles dames jouaient à la balle et vingt-cinq jeunes gens jouaient aux échecs dans l'ombre des arbres fleuris, quand survint Janet vêtue de vert printanier comme le trèfle des prés. Parmi ces gens heureux, elle s'approcha du roi et lui dit fièrement :

– Père, je porte un enfant dans le ventre. Il est celui de Tamlan. À lui j'ai donné mon amour. Plus heureuse que moi, il n'est de femme au monde. Plus digne que lui d'être le maître de ma vie, je ne connais point d'homme.

Longtemps, le regard éblouissant, elle fit ainsi l'éloge de Tamlan. Quand elle eut parlé, sans attendre de réponse, elle retourna dans la forêt de Carterhaugh.

Au bord de la source, elle ne vit que le cheval blanc qui broutait l'herbe. De Tamlan, point de trace. Janet cueillit une nouvelle rose. Aussitôt, devant elle, il apparut. Il lui dit tristement :

– Dame, pourquoi es-tu revenue ?

Elle lui demanda :

– Qui es-tu en vérité, homme que j'aime ? Es-tu chrétien ou vrai chevalier ? Je te supplie de me le dire, car je veux être ta femme légitime.

Tamlan lui répondit :

– Sache qu'un jour de mon enfance, comme mon grand-père Roxbrugh m'amenait à son château au-delà de cette forêt, dans le grand vent neigeux, nous avons croisé la chasse des fées. Le cheval de Roxbrugh s'est cabré et l'a jeté à terre. Il en est mort sur le coup. Sa suite épouvantée s'est enfuie et je suis resté seul dans la tempête, parmi les arbres gelés. Alors la reine des fées m'a recueilli et m'a conduit sous le Grand Tertre vert où est son royaume. J'y fus instruit et fort choyé, mais je n'y fus jamais insouciant, car sur les habitants de ce Grand Tertre vert pèse une terrible malédiction. Tous les sept ans, l'un de nous doit être livré à l'enfer. Ainsi le veut la loi de notre monde. Or cette nuit vient l'échéance et je crains d'être celui qui doit périr : ma force et ma beauté me désignent. Dame, toi seule peux me sauver. À minuit juste, viens à la croix des chemins. De là partira la grande chasse. Dans le cortège que tu verras surgir de la nuit, laisse passer le cheval noir, laisser passer le cheval brun. Après eux, viendra le cheval blanc comme lait. Désarçonne son cavalier, je serai celui-là. Ma main droite sera gantée de cuir, ma main gauche sera nue, ainsi tu me reconnaîtras sans faute. Quand je serai à terre, serre-moi dans tes bras. Les fées me changeront en aspic et en vipère. Par pitié ne me crains pas, pense au père de ton enfant ! Elles me changeront en ours et en lion épouvantable. Pour l'amour de celui qui vit dans ton ventre, ne relâche pas ton étreinte ! Elles me changeront en statue de fer chauffée au rouge. Tiens-moi ferme et garde courage, je ne te ferai pas de mal. Enfin, dans tes bras, elles me changeront en éclair déchirant, en foudre aveuglante. Sans attendre un instant, plonge-moi dans la source, et, aussi vrai que je suis ton amour

sans pareil, je redeviendrai un chevalier digne de ta pure beauté. Mon corps sera nu. Couvre-le de ton manteau vert, couvre-le vite ! Alors seulement, dame, nos vies seront sauves.

Hululante et sombre était la nuit quand Janet parvint à la croix des chemins. À minuit, sans trembler, elle entendit battre sourdement le galop de la chasse dans les ténèbres. Devant elle, comme le vent, passa le cheval noir, passa le cheval brun. Quand vint le cheval blanc comme lait elle s'élança, agrippa son cavalier à la ceinture. Ensemble, ils roulèrent dans l'herbe noire. Tout ce qu'elle devait faire, elle le fit. Elle jeta son manteau sur les épaules du chevalier nu. Tous deux sortirent enlacés de la fontaine. Alors d'un buisson d'épines monta la voix grinçante de la reine des fées.

– Tamlan était mon fils aimé, dit-elle. Honte sur la mauvaise face de celle qui me l'a pris, et malheur sur toi, Tamlan ! Si j'avais su que tu me quitterais ainsi j'aurais arraché tes yeux gris, et grands ouverts dans les trous d'un arbre je les aurais enfoncés !

Janet ni Tamlan ne lui répondirent. Ils s'éloignèrent vers la vie dans l'aube qui pâlissait le ciel.

Ivan Turbinca

Ivan Turbinca fut longtemps l'un des plus fameux soldats de l'armée russe. Son rire d'ogre heureux enchantait ses compagnons de route autant qu'il effrayait ceux qui se risquaient à affronter sa haute gueule. En vérité personne, sauf le dieu des beuveries, ne pouvait se vanter de l'avoir jamais fait trébucher. Il servit vingt années en soudard increvable. Après quoi, on lui donna deux roubles et on l'informa que son temps de service était accompli. Il invita donc ses frères d'armes à une dernière nuit de ripaille, se soûla royalement en leur compagnie et, à l'aube, s'en fut par les chemins du monde, libre, seul, chantant à faire peur aux oiseaux et titubant comme une barque en tempête.

À peine avait-il ainsi marché un couple d'heures qu'il aperçut devant lui, sur la route droite, deux pèlerins sans bagage qui allaient alertement. L'un d'eux, se retournant, parut s'effrayer de ses gueulements joyeux et de son allure débraillée. Il se pencha vers son compagnon et lui dit :

– Pressons le pas, Seigneur. Cet homme qui nous suit me paraît trop rude pour être honnête.

– Ne crains rien, Pierre, répondit l'autre. Je connais ce voyageur. C'est Ivan Turbinca. Son cœur est généreux et bon. Veux-tu que nous l'éprouvions ? Changeons-nous en mendiants et tendons-lui la main. Je suis sûr qu'il nous fera l'aumône des deux roubles qu'il a en poche.

Ces pèlerins, en vérité, étaient saint Pierre et Dieu, son maître, en visite dans le monde des hommes. À l'entrée du prochain pont, Ivan découvrit deux tas de haillons d'où sortaient deux têtes lamentables. Il fit halte devant ces faux miséreux, leur donna ses deux roubles, retourna ses poches vides et dit en riant :

– J'ai, je donne. Je n'ai plus, que Dieu m'aide !

Il reprit sa route insouciante. À la sortie du pont l'attendaient le roi du Ciel et son portier, revenus à leurs défroques de pèlerins. Quand il passa devant eux :

– Dieu t'aidera, Ivan, lui dit Celui qu'il avait invoqué.

– Vous êtes bien bon, petit père, répondit Ivan, plantant ses poings sur ses hanches. Mais comment connaissez-vous mon nom ?

– Je le connais parce que je sais tout. Je sais tout parce que je suis Dieu lui-même. J'aimerais te prouver l'amitié que je me sens pour toi. Fais un vœu, il sera exaucé.

– Seigneur, dit Ivan, soudain tremblant pour la première fois de sa vie, Seigneur, si tu es vraiment Dieu, bénis mon sac de telle sorte que celui que je voudrai y faire entrer, quel qu'il soit, n'en puisse sortir sans mon consentement.

Dieu sourit, bénit, prit saint Pierre par l'épaule, et tous deux disparurent comme une fumée légère dans l'air bleu.

Au soir de ce jour miraculeux, Ivan Turbinca, cheminant à travers champs, arriva dans un riche hameau où quelques dizaines de paysans s'affairaient à rentrer les foins. À peine parvenu parmi eux, il leur demanda de sa voix puissante quel était le maître de ces maisons et de ces granges. Un boyard à la mine rougeaude s'avança vers lui en grognant qu'il était celui qu'il cherchait.

– Brave homme, lui dit Ivan, il me faut un toit pour la nuit.

Ce boyard était un mauvais bougre : il détestait les voyageurs. Cependant, considérant le sabre qui pendait à la ceinture de cet escogriffe aux bottes crottées, il estima qu'il ne pouvait le faire chasser de ses terres sans risquer un dangereux scandale. Il appela donc un serviteur et lui donna l'ordre de loger ce malvenu dans une vieille bâtisse inhabitée, à la lisière du hameau. Nul n'avait jamais pu y demeurer plus d'une heure, tant elle était hantée de diables. « Avant minuit, ce pétardier aura repris sa route, se dit le bonhomme en se frottant méchamment les mains, et dès demain, il s'en ira bramer partout sa peur. Ainsi, grand Dieu merci, les vagabonds et les voleurs de sa sorte éviteront à l'avenir ma maison. » Ivan, ne pensant pas à mal, le remercia et se retira dans la chambre moisie où le serviteur venait d'allumer un mauvais feu fumant. Il dîna d'un croûton, se coucha tout habillé sur la paillasse humide et souffla la chandelle.

Aussitôt, autour de lui, enfla une rumeur de voix gémissantes mêlées de ricanements, de hurlements lugubres, de miaulements de chats, de grognements d'ours, de coassements de crapauds. Ivan se dressa, battit son briquet, ralluma la bougie.

– Holà ! démons, croyez-vous pouvoir effrayer un homme qui a rencontré Dieu ? cria-t-il en tournant partout la tête, l'air farouche.

Il ouvrit grand son sac, le posa à ses pieds et, fièrement dressé, désignant l'ustensile :

– Par le saint nom du grand Céleste, entrez tous là-dedans, compères d'enfer !

À peine avait-il dit ces mots que mille petits êtres cornus, velus, hideux et tremblants apparurent alentour et, le dos courbé, se précipitèrent dans la besace. Dès qu'il n'en fut plus un dans la chambre, Ivan tira vivement le lacet du sac, le noua et, à travers le cuir, à coups de pied et de plat de sabre se mit à les rosser, assommer, fracasser et briser menu. Quand, soûlés de coups, les diables cessèrent de s'égosiller comme des porcs à l'abattoir, il essuya son front suant, se recoucha et s'endormit aussi benoîtement qu'un pope repu.

Le lendemain, au petit jour, il s'en alla à grand bruit réveiller son hôte et lui demanda de rassembler dans la cour les gens du hameau. L'autre, tout stupéfait et bouffi de sommeil, s'en fut en courant frapper aux portes, un pied chaussé et l'autre non. Quand tous furent accourus :

– Embrasse-moi, boyard, dit-il. Tu pourras maintenant recevoir convenablement les voyageurs de passage. J'ai, cette nuit, chassé les quelques agaçantes bestioles qui empuantissaient ta maison.

Il ouvrit son sac, plongea sa main dedans et en sortit un par un les démons prisonniers. À chacun, il fit jurer de quitter pour toujours le hameau. Tous, chevrotant de la voix, promirent et disparurent, l'un poussant

l'autre, perclus, boiteux, sanglants et cabossés, dans la brume de l'aube. On fit au héros une fête inoubliable. Le boyard l'invita à séjourner chez lui aussi longtemps qu'il le voudrait.

– Impossible, lui répondit Ivan. Cette nuit m'est venue une grande envie de paradis. Je dînerai donc chez Dieu ce soir même, s'il y a dans son auberge ce qu'il faut pour le bonheur d'un soldat.

À peine avait-il dit ces mots qu'il se sentit emporté dans un tourbillon éblouissant, et presque aussitôt se trouva sur un chemin de ciel ensoleillé. Au bout de ce chemin était la porte du paradis. Il y fut d'un pas ferme, cogna du heurtoir.

– Qui est là ? demanda la voix de saint Pierre, à l'intérieur.

– C'est moi, Ivan Turbinca.

– Que veux-tu donc, Ivan ?

– Saint Pierre, dis-moi : y a-t-il ici du tabac russe pour ma pipe ?

– Non, Ivan, il n'y en a pas.

– Et de la vodka, y en a-t-il ?

– Non, Ivan.

– Et des femmes ? Et des musiciens de taverne ?

– Non. Tout cela se trouve en enfer, Ivan. Pas ici.

– C'est donc l'enfer qu'il me faut ! La paix sur toi, saint Pierre.

– La paix sur toi, Ivan.

Ivan Turbinca trouva sans difficulté la porte de l'enfer. Elle fermait un bout de ruelle nocturne, dans la ville inconnue où il s'était perdu, à peine retombé du ciel. Il y fut mener grand tapage.

– Holà ! cria-t-il, tambourinant des deux poings, y a-t-il ici du tabac russe pour ma pipe ?

– Assurément, répondit, à l'intérieur, la voix du diable portier.

– Et de la vodka, y en a-t-il ?

– Plus qu'il n'en faudrait pour soûler l'armée de ton tsar !

– Et des femmes ? Et des musiciens de taverne ?

– Tu n'en trouveras nulle part ailleurs de plus paillardes et de plus endiablés !

– Ouvrez vite, cria Ivan. C'est ici que je veux vivre jusqu'à la fin des temps !

La porte grinça. Le diable portier apparut sur le seuil. Aussitôt, reconnaissant celui qui avait, la veille, étrillé si rudement son échine et rossé ses frères démons :

– Ah non ! Pas toi ! s'écria-t-il.

Il recula, tremblant des cornes aux sabots. Ivan le repoussa et, s'avançant dans la taverne de l'enfer parmi les diables épouvantés :

– À la ripaille ! cria-t-il.

Il s'assit et ouvrit si ostensiblement son sac entre ses pieds que nul ne se risqua à le contrarier. On le servit avec tant d'empressement qu'il ne tarda pas à chanter faux, à boire à côté de sa bouche et à forcer les démons à danser avec lui. Alors la mère du diable s'émut : elle avait le souci du convenable.

– Il faut chasser hors d'ici ce trublion, dit-elle à son fils. Puisque personne n'ose l'affronter, usons de ruse.

Elle sortit dans la ruelle et se mit à battre du tambour. Ivan, entendant ces roulements militaires dans les brumes de son ivresse, se dressa soudain, salua dignement la compagnie, mit son fusil sur l'épaule, assura son sabre à la ceinture et sortit au pas cadencé. Aussitôt la mère diablesse, rasant les murs, s'en revint au chaud de son enfer. Ivan entendit claquer verrous et cadenas. Il se précipita trop tard sur la porte. Il eut beau cogner du poing et de la botte, cette fois nul n'ouvrit. Alors il s'assit sur le pavé et, se sentant tout à coup dégoûté du tabac, de l'alcool, des femmes, des ripailles, il décida de revenir à Dieu.

Sur le chemin du paradis, il rencontra la Mort. Cette fidèle servante s'en revenait de prendre, comme chaque matin, les ordres du Créateur. Ivan abattit sa large main sur son épaule.

– C'est donc toi, lui dit-il, qui tourmentes les hommes, qui fais pleurer les femmes, qui effraies les enfants depuis le premier cri d'Adam. Sais-tu que je te déteste, vieille carne ? C'est pour ton malheur que tu as croisé aujourd'hui le chemin d'Ivan Turbinca. Par le saint nom du grand Céleste, entre dans mon sac, commère !

La Mort, battant l'air de ses bras décharnés, essaya de résister à la force vertigineuse qui l'attirait au fond de la besace ouverte, mais elle ne put. Elle plongea dans l'ombre du cuir. Ivan tira le lacet, jeta son sac sur l'épaule et s'en revint, content de lui, jouir de la vie parmi les hommes.

Trois années durant, nul ne mourut, ni brin d'herbe, ni mouche, ni vieillard, ni marmot. Alors Dieu s'en fut par le monde à la recherche d'Ivan Turbinca, ce voleur de Mort. Il le trouva à l'entrée même du pont où ils s'étaient pour la première fois rencontrés.

– Ivan, mon fils, lui dit-il, tu as assez joué. Tu es bon et je t'aime infiniment, mais tu dois rendre la Mort aux hommes, car en vérité elle leur est aussi nécessaire que l'existence. Ouvre ton sac, et sache que tu n'as plus toi-même que trois jours à vivre.

– Trois jours à vivre ! gémit Ivan en tombant à genoux. Seigneur, je commençais à peine à prendre du bon temps !

Dieu disparut de sa vue. Devant lui ne resta que son sac béant et vide. Alors il s'en fut au prochain village, se fit fabriquer un cercueil, le chargea sur son dos et le porta jusqu'à l'ombre tranquille d'un arbre, au bord d'une rivière. Là, comme il attendait sa fin, assis dans

l'herbe, une idée lui vint qui fit briller ses yeux. Dès qu'il vit la Mort devant lui :

– Je suis prêt, dit-il.

Elle répondit :

– Couche-toi donc dans ta caisse.

Il obéit, feignant l'empressement, et s'allongea sur le ventre, le nez contre le fond, bras et jambes pendant au-dehors.

– Est-ce ainsi que dorment les défunts ? grogna la Mort scandalisée. Installe-toi comme il faut. Fais vite.

Il se retourna, s'étendit sur le dos, les genoux hauts, les mains croisées sur sa nuque.

– Ce fou ne sait rien des convenances, dit la Mort, cognant impatiemment le sol du talon. Sors de là, je vais te montrer comment il faut se mettre.

Ivan lui laissa donc sa place. La Mort se coucha dans le cercueil, ferma les yeux, croisa les doigts sur son ventre.

– C'est ainsi que les hommes meurent, dit-elle. As-tu compris ?

Elle n'entendit en réponse que le fracas du couvercle qui se refermait sur elle.

– Bien le bonjour à ma grand-mère ! cria Ivan, clouant à toute force la planche.

Il poussa la caisse à l'eau et reprit son chemin en sifflotant, son fusil sur l'épaule.

– Comme tu es sotte, bonne servante, dit Dieu, se penchant du haut du ciel sur la rivière. Retourne donc auprès d'Ivan et venge-toi comme tu le jugeras juste de ce fils turbulent.

Aussitôt le cercueil s'ouvrit. Ivan n'avait pas fait cent pas que la Mort à nouveau se dressait devant lui.

– Je ne veux plus de toi, lui dit-elle, toute grimaçante et la voix méchamment rouillée. Sache qu'avant cent ans tu m'appelleras et me supplieras à genoux de te prendre. Mais je te laisserai vivre sans aucune pitié jusqu'à ce que tes jambes se soient usées à me courir après. Adieu.

– Hé, cria Ivan, tandis que la mauvaise mégère se défaisait en fumée noire, crois-tu que tes menaces me font peur ? Il y a dans le monde assez de tabac et de vodka, assez de filles, de chansons, de danseurs et de fous pour nourrir une éternité. Ripaille sur ripaille, Ivan, va ton chemin !

Et il s'en fut, chantant à plein gosier.

Ainsi commença la vie perpétuelle d'Ivan Turbinca, ivrogne invétéré, débauché infatigable et néanmoins bien-aimé de Dieu. Béni soit-il jusqu'au bout de son errance.

Sarsembaï

Sarsembaï n'avait rien, ni maison ni manteau. Il était seul au monde. Il gardait le troupeau du seigneur du village. Un jour son maître vint le voir au pâturage. Il lui dit :

– À l'automne, tu auras pour salaire une brebis boiteuse.

– Seigneur, merci, répondit Sarsembaï.

Il sourit aux nuages. Il se dit : « Une brebis boiteuse est un bien enviable. Dieu m'aime. » Comme il pensait ainsi (son maître était parti) un loup sortit du bois, vint au bord du pré, retroussa ses babines et lui dit :

– Donne-moi un mouton, sinon j'en tue dix.

– Je ne peux pas donner ce qui n'est pas à moi, répondit Sarsembaï.

– Va porter ma demande à ton maître. J'attends.

Sarsembaï courut à la maison où son maître dînait. L'homme essuya ses doigts sur sa serviette, réfléchit un moment et dit :

– Reviens au pré. Bande les yeux du loup. Qu'il choisisse au hasard.

Sarsembaï s'en retourna et fit selon les ordres. Le loup bondit, les yeux bandés, les quatre pattes ouvertes, la gueule béante. Il tomba sur le dos de la brebis boiteuse. « Il pleut toujours sur les mouillés », dit un proverbe pessimiste. Le salaire de Sarsembaï fut dévoré en un instant.

– Le destin l'a voulu, dit le loup. Sèche tes larmes. Je te laisse la dépouille de ta bique. Vends-la. Tu en tireras bien quelques sous.

Sarsembaï s'en alla sans attendre l'automne avec sa peau de brebis. Un jour sur un marché il la vendit à un tisserand borgne pour trois pièces de cuivre. Il avait faim et soif. Il erra parmi les étalages, sans souci des ânes et des marchands criards qui le bousculaient. Un mendiant lui demanda l'aumône. Il jeta un sou dans son bol.

– Merci, dit l'autre. Tu m'as donné beaucoup, je te donne beaucoup. Prends, et que Dieu te garde.

Il ramassa une poignée de sable et la tendit au garçon. Sarsembaï sourit, la fourra dans sa poche et entra dans une auberge. Pour son deuxième sou il se fit servir une soupe et une boule de pain, puis il s'endormit dans un coin parmi des portefaix. Il fut réveillé tôt par les marchands qui reprenaient la route. Comme il sortait dans la lumière du petit jour, il entendit des gens plaisanter et parler entre eux à voix forte.

– Écoutez le rêve que j'ai fait cette nuit ! dit l'un d'eux. Imaginez un prince, un grand, un fortuné. J'étais ce prince-là. Le soleil se penchait sur moi du haut du ciel, et la lune jouait sur ma poitrine nue !

Sarsembaï s'approcha. Il dit :

– Quel homme heureux tu es ! Marchand, vends-moi ton rêve. De ma vie je n'en ai jamais eu d'aussi beau !

L'autre cligna de l'œil.

– Quel prix m'en donnes-tu ?

– Marchand, je n'ai qu'un sou.

– Marché conclu. Mon rêve t'appartient.

Sarsembaï s'éloigna parmi les rires et les ricanements.

Il courut les chemins, les campements, les villes, cherchant là du travail, là un toit où passer la nuit. Personne ne voulut de lui. Peu à peu ses sandales tombèrent en poussière. Vint l'hiver. Un soir, perdu loin des villages, épuisé, grelottant contre le vent glacé :

–Dieu, dit-il, je meurs. Je ne peux plus marcher. Adieu tout ! Que mon corps nourrisse les bêtes !

À peine ces paroles dites, un loup sortit de l'ombre, efflanqué, grognassant.

–Enfin de quoi manger ! dit-il en claquant des mâchoires.

–Tue-moi vite, j'ai froid, répondit Sarsembaï.

–Je connais cette voix, gronda la bête, l'œil fixe, les naseaux fumants dans les ténèbres. N'es-tu pas ce berger qui m'a donné, un jour, une brebis boiteuse ? Tu m'as nourri, garçon. Le destin autrefois avait voulu cela. Je crois qu'aujourd'hui il veut que je te sauve. Monte sur mon dos. Nous partons en voyage.

À travers la neige poudreuse l'un portant l'autre ils parvinrent bientôt à la lisière d'un grand bois. Au loin entre les arbres ils virent briller un point de lumière.

–Du feu ! dit Sarsembaï.

–Près de lui tu pourras survivre jusqu'à l'aube, lui répondit le loup. Des brigands se sont réchauffés là tout à l'heure. Ils ont levé le camp. Moi, je retourne en chasse. Adieu, berger !

Il s'en alla, hurlant encore « adieu » dans la nuit de la steppe. Sarsembaï se hâta vers la clairière, s'assit au bord des flammes et rongea quelques os abandonnés par les hommes. Enfin il s'endormit. Quand il se réveilla le feu était éteint. Le soleil se levait. Il bâilla, s'étira, puis sous la cendre il enfonça ses mains glacées. Il remua les doigts, sentit un objet dur, le palpa, le sortit et resta ébahi. C'était un coffret d'or. Il l'ouvrit. Des milliers de diamants dans l'aube grise firent cligner ses yeux comme autant de soleils. Il y avait là de quoi faire de cent mendiants cent princes.

Il se dressa, son trésor sous le bras, prit le premier sentier qu'il vit sous le couvert des arbres, le perdit, chemina un moment dans la brume, découvrit un torrent. Il le suivit. Il aperçut enfin une maison de bois parmi les rochers qui encombraient la rive. La cheminée fumait. Il cacha son coffret dans le tronc d'un vieux chêne, puis il poussa la porte, entra. Dans l'ombre de la cheminée se tenait une fille. Elle était belle et pâle.

– Qui es-tu ? dit-elle.

– Mon nom est Sarsembaï. J'ai perdu mon chemin.

Elle lui répondit :

– Je m'appelle Altina. Le malheur est sur moi. Désormais il est aussi sur toi, si tu restes. Sais-tu qui vit ici ? Jalmaouizer la Vieille. Dépêche-toi de fuir, cette maison est maudite !

Sarsembaï lui prit la main.

– Fille, fuyons ensemble.

Altina murmura :

– Hélas, il est trop tard.

En hâte elle poussa Sarsembaï derrière une tenture. Il entendit un grand fracas. Par un trou du tissu il vit entrer un monstre aux yeux rouges, aux dents jaunes, au nez crochu comme un ongle de rapace. C'était Jalmaouizer. La sorcière s'assit, tendit au feu ses longs doigts secs et croassa :

– Altina, viens ici.

La fille s'approcha. Jalmaouizer palpa ses épaules, ses hanches.

– Bonne à jeter aux rats, voilà ce que tu es, gronda la vieille. J'aime la viande grasse. Grossis donc, c'est un ordre ! Je veux bien patienter quelque temps encore. Mais au dernier matin de cet hiver, je te préviens, fillette, maigre ou charnue, je t'embrocherai, et tu rôtiras !

Elle traîna trois sacs au travers de la porte, se coucha dessus à plat ventre et se mit à ronfler. Altina ce soir-là derrière la tenture dormit dans les bras du garçon.

Le lendemain la sorcière sortit de bonne heure. Elle s'en alla le long du torrent. Dès qu'elle eut disparu, la pauvre fille conta à Sarsembaï comment Jalmaouizer l'avait faite prisonnière.

– Mon père m'a perdue dans la forêt. Je suis venue ici demander de l'aide. La vieille a pris mes mains, elle m'a attirée contre elle, elle a démêlé mes cheveux avec un peigne d'or. Alors je me suis endormie et j'ai perdu toute force. Depuis je désespère. Je n'attends plus rien que de mourir.

–Altina, nous vivrons, lui répondit Sarsembaï. Pour l'instant, reste ici. Je vais explorer les profondeurs de la forêt et faire provision de gibier. Au dernier jour de l'hiver je serai de retour.

Altina répondit :

–Va, et que Dieu te garde.

Après trois jours d'errance, Sarsembaï vit un faon au bord d'une clairière. Il était presque mort d'effroi. Dix corbeaux harcelaient son échine, ses yeux. À grands coups de bâton il dispersa la nuée. Un cerf accourut à travers les broussailles.

–Merci, homme, dit-il. Je ne t'oublierai pas.

Sarsembaï, au hasard, poursuivit son chemin. Après neuf jours il vit sous des branches crevées un jeune mouflon prisonnier d'une fosse. Il le prit par le cou, le hissa sur l'herbe. Alors il entendit une voix qui disait :

–Tu as sauvé la vie de mon fils. Sois béni. Je sauverai la tienne.

Il s'en alla content. Au douzième matin, comme il traversait une lande, des piaillements lamentables l'attirèrent vers un buisson. Il se pencha. Il vit un aiglon qui se débattait parmi les ronces. Il était à demi étouffé. Ses ailes étaient déchirées. Il le prit, caressa ses plumes. Près de lui sur un rocher un aigle se posa.

–Homme, ce service en vaut mille, lui dit-il. Va, je m'en souviendrai.

Après quinze journées de chasse Sarsembaï s'en revint à la cabane. Il poussa la porte. Il vit Jalmaouizer se dresser devant lui. Son poing droit brandissait un couteau de pierre. Son poing gauche tenait Altina par les cheveux.

– Ainsi c'est toi, garçon, que cette fille appelait à grands cris, grinça la vieille. Fort bien ! Vous rôtirez sur deux broches jumelles !

Sarsembaï répondit :

– Mille diamants pour le prix d'Altina !

Il courut au vieux chêne, en sortit son coffret, l'ouvrit et par poignées il lança les cailloux rares au nez de la sorcière. Elle en bava d'émoi, en oublia sa proie et son couteau. Sarsembaï prit la main d'Altina. Ils s'enfuirent.

Bondissant de rocs en broussailles droit devant ils coururent. Derrière eux la forêt se mit à geindre, à craquer et se fendre. Jalmaouizer, hirsute, hurla :

– Maudits ! Maudits vivants ! Vous n'échapperez pas à mes griffes !

Altina, épuisée, tomba sur l'herbe. Alors surgit un cerf.

– Je n'ai pas oublié, dit-il. Chevauchez-moi.

La bête les porta d'un galop si puissant que le temps d'un soupir ils se trouvèrent hors d'atteinte. Elle les déposa au pied d'un mont. Le temps de trois soupirs ils se reposèrent. Alors ils aperçurent une boule de nuit, au loin, sur la forêt. Elle écrasait les arbres. Elle soulevait la terre.

– Maudits ! Maudits vivants ! cria Jalmaouizer dans le nuage noir.

Sarsembaï entraîna Altina parmi les éboulis, le long des précipices. Un mouflon accourut au-devant d'eux.

– Je me souviens, dit-il. Montez en croupe.

Le temps d'un cri d'oiseau ils furent au sommet. Alors le sol trembla. La vieille au-dessous d'eux dévorait la montagne. Sa figure grimaça parmi les avalanches. Ses griffes apparurent au-dessus des poussières. Comme elles allaient s'abattre sur les fuyards, un aigle descendit du ciel. Il emporta au loin Sarsembaï et Altina, tandis que le mont s'effondrait sur la sorcière.

Ils furent déposés à l'entrée d'un village. Là ils se regardèrent et leurs yeux dirent qu'ils s'aimaient. Bientôt ils s'épousèrent. Ils vécurent de peu. Ils eurent un enfant. Un dimanche d'été Sarsembaï se coucha dans l'herbe. Son enfant grimpa sur sa poitrine nue. Altina, à genoux, se pencha sur son homme. Alors il dit, rieur :

– Un jour j'ai acheté un rêve. Vois comme j'ai bien fait. Il ne m'a pas quitté. Me voici couché sur la terre précieuse, et ma femme me veille, ô mon soleil vivant ! Et mon fils joue sur moi, ô lune magnifique ! Je suis un prince heureux.

Alors il se souvint des guenilles qu'il portait au temps lointain de ses errances. Il les avait gardées. Sa tunique en lambeaux était suspendue à l'arbre du jardin, au-dessus de sa tête. Il tendit la main. Il sentit dans la poche une poignée de sable, celle qu'un mendiant lui avait donnée un jour pour prix d'un sou de cuivre. Il la prit, la jeta au vent.

Sur la steppe aussitôt apparurent des milliers de chevaux, de moutons, de vaches, de chameaux. Une bête était née de chaque grain de sable. Les voisins accoururent. Ils dirent, éblouis :

– À quel seigneur sont-ils, ces troupeaux innombrables ?

– Ils sont à moi, à nous, répondit Sarsembaï. À nous ces biens, à nous ces beautés infinies.

Badan le Vieux

Autrefois, au pays des Nartes, quand un vieil homme ne pouvait plus se hisser seul en selle, ni bander son arc à la longueur de la flèche, ni lancer sa fourchée de foin à la cime de la meule, on le menait hors du village au sommet de la montagne des Ancêtres, on le faisait asseoir dans un chariot d'osier, on lui disait adieu et sur la pente raide on le laissait aller au précipice.

Vint le temps où Badanek s'aperçut que son père Badan avait atteint ce grand âge triste. Or, Badanek aimait ce vieil homme qui lui avait fait goûter les merveilles du monde. La pensée d'avoir à le pousser à la mort l'emplit tout à coup d'effroi et de chagrin. Pourtant, comment ne point obéir à la coutume? La gorge nouée, il tressa le chariot d'osier, prit le vieux Badan par la main et le conduisit sur la montagne. Là, il l'embrassa et lui dit :

– Père, je ne désire pas te faire périr, mais la loi des Nartes l'exige. Sois béni pour le bien que tu m'as fait.

Badan ne répondit pas. Son silence pesa comme une lourde pierre dans le cœur de son fils. Badanek l'aida à s'asseoir dans le chariot et d'une rude poussée le précipita vers la vallée rocailleuse et profonde.

Il le regarda cahoter misérablement, tressauter sur les cailloux de la ravine, ferma les yeux à l'instant où il basculait dans le gouffre. Quand il osa les ouvrir à nouveau, il vit Badan gesticuler grotesquement entre ciel et terre, accroché par son vêtement à une branche d'arbre sec. Il courut à lui, à grand-peine le décrocha. Son père riait aux larmes. Badanek, tout bouleversé, lui demanda ce qui l'amusait ainsi. Le vieux Badan lui dit :

– Peut-être la même branche te sauvera-t-elle quand ton fils t'aura jeté du haut de la montagne. Peut-être alors seras-tu aussi content que moi, après avoir eu aussi peur que moi.

Le bon rire de Badan émut grandement Badanek.

Il resta un moment silencieux, puis secoua la tête et grogna :

– Père, je ne te pousserai pas une deuxième fois au précipice. Que les Nartes fassent de moi ce qu'ils voudront.

– En vérité, mon fils, lui répondit Badan, je n'ai pas le goût de vivre sans rien faire. Une existence inutile est pire que la mort. Cependant, est-il certain que je ne peux plus rendre le moindre service aux vivants ? Réfléchis à cela. Mon corps est faible, certes, mais ma vieille tête est une coupe pleine de bon savoir.

Badanek mena son père dans une caverne de la montagne. Dans l'ombre de la voûte, il installa pour son repos une épaisse litière de feuilles sèches. Après quoi, il lui dit :

– Tu vivras ici. Ne te montre à personne. Si les Nartes apprenaient que j'ai violé la coutume, ils me chasseraient du village. Deux fois par semaine, je t'apporterai à manger.

Il serra son père sur sa poitrine forte et s'en revint vers les travaux des jours.

Deux années passèrent. Or, il advint qu'au troisième printemps tous les fruits des vergers alentour du village se flétrirent d'un coup. La désolation fut grande parmi les hommes. Ils s'assemblèrent, interrogèrent les arbres, la terre, le ciel, mais nul ne put trouver remède à ce fléau. Alors Badanek s'en alla visiter son père. Il s'assit contre la paroi de la caverne et, la tête basse, lui demanda conseil. Le vieux lui dit :

– Au cœur de la forêt sont deux fruitiers parfaits : un pommier et un poirier. Allons cueillir leurs fruits. Tu sèmeras leurs pépins. Des arbres neufs aussitôt pousseront, mille fois plus beaux et vigoureux que ceux des vieux vergers.

– Comment sais-tu cela ? demanda Badanek, étonné.

Badan sourit. Ils s'en furent ensemble par un chemin secret. Le soir même furent enfouis les semis. Le lendemain les feuillages fleurirent. On fêta Badanek, le sauveur de récolte. Des femmes lui demandèrent où il avait appris ce savoir qui les émerveillait. Il ne répondit pas.

Un mois plus tard, la même nuit périrent tous les béliers des troupeaux. Les bergers effrayés s'en vinrent aussitôt frapper à la porte de Badanek.

– Ta science est grande, lui dirent-ils. Aide-nous. Sans agneaux à naître, comment vivrons-nous l'an prochain ?

Badanek promit de réfléchir.

Dès que les lumières furent éteintes au seuil des portes, il s'en fut à la caverne. Il y trouva son père

endormi sur sa litière moelleuse. Il le secoua, lui apprit le désastre et lui demanda ce qu'il fallait faire.

– Je connais le pré où le génie des troupeaux mène paître ses béliers, lui répondit Badan. Je vais te dire comment s'y rendre. Tu y conduiras ensemble toutes les brebis du village, et bientôt elles mettront bas.

Le fils remercia le père, lui demanda encore comment il savait cela, mais, sans attendre la réponse, revint en courant au village. Le lendemain il dit à tous que Badan l'avait instruit en rêve et donna l'ordre d'assembler le bétail. Il s'en fut seul à la tête des troupeaux. Au soir, quand il revint, toutes les brebis étaient grosses. On regarda le fils de Badan comme le magicien le plus considérable du monde.

Vint l'été éblouissant et lourd. La veille des moissons, le ciel s'obscurcit brusquement, un prodigieux éclair le déchira et une averse de grêle épouvantable s'abattit sur les champs. En un instant, la récolte fut morte. Les hommes de désespoir s'en cognèrent le front contre terre puis, la tête bourbeuse, s'en furent supplier celui qui les avait deux fois sauvés d'accomplir encore un miracle pour le salut de leurs enfants. Alors Badanek leur avoua qu'il n'était pas plus savant que le commun des mortels, et que seul son père savait ce qui devait être fait.

– Comment sait-il cela ? lui demandèrent les hommes.

Badanek répondit :

– Les vieillards sont familiers des mystères du monde, car le temps les a conduits sur ce sommet de l'âge d'où l'on peut voir le chemin parcouru, autant que les vallées au-delà. Si vous acceptez d'abolir la coutume qui fait de nous des meurtriers orphelins, je vous conduirai à mon père que je n'ai pas eu le cœur de tuer. Vous vous inclinerez devant lui, et il apaisera votre détresse.

Nul n'osa répondre à ce discours, mais tous s'en furent en longue file dans la montagne où était l'ancêtre. Badan, les voyant venir, s'assit au seuil de sa caverne. Les hommes prirent place autour de lui et l'interrogèrent avec respect. Il leur répondit qu'ils trouveraient à profusion des grains pour de nouvelles semailles dans le champ du génie des blés.

– Je sais où il est, dit-il.

Il les conduisit dans ce lieu miraculeux. Les champs bientôt refleurirent et les vieillards désormais vécurent ce que Dieu seul leur donna d'années.

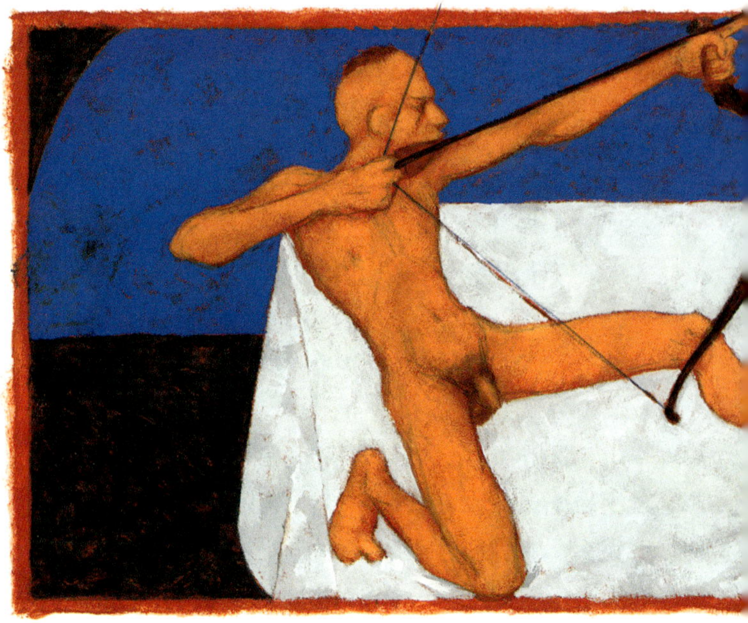

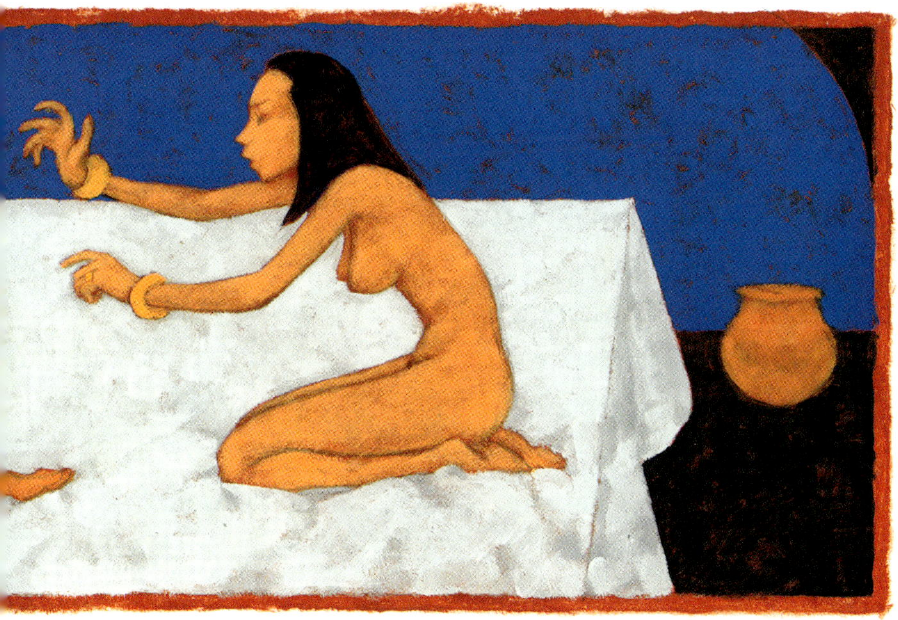

Atyek et les Héros

Il était une fois un garçon fils de prince. Son nom était Atyek. Quand il eut l'âge, son père lui donna pour épouse une fille aussi belle que sage. On fit de grandes fêtes. On dansa, on but sec. Au soir des noces, Atyek mena la mariée à la chambre nuptiale. Il se déshabilla, puis il se mit au lit, mais se tint éloigné de sa femme. Il soupira longtemps, se tournant d'un côté, se retournant de l'autre. Enfin il prit son arc, encocha une flèche et tira sur la poutre qui traversait le plafond. Après quoi il poussa un long gémissement et s'endormit d'un coup.

Son épouse s'étonna. Sa deuxième soirée fut semblable à la première. Elle en eut quelques larmes. À la troisième nuit, quand Atyek eut fait dans son grand lit un saut à droite, à gauche, un autre sur le dos, un autre sur le ventre, et quand il eut tiré sa flèche dans la poutre, elle lui dit :

– Garçon, parle-moi franchement. Si je ne te plais pas, renvoie-moi chez mon père.

Atyek, hagard, s'assit d'un bond parmi les draps défaits.

– Ma femme, tu es belle et je t'aime, dit-il. Si tu me vois troublé, c'est que je suis tombé de jeunesse en mariage avant d'avoir appris le métier d'homme. J'aurais voulu conquérir ton cœur de haute lutte, combattre des démons, te voir éblouie par mes faits d'armes. Sache que je me sens l'envergure d'un héros. Mais comment te prouver que j'en suis un ?

Sa femme répondit :

– Ne t'inquiète pas de cela. Aimons-nous fort et vivons notre vie.

– Vivre ? Je ne peux pas. Je veux d'abord savoir s'il est un homme au monde plus fier et valeureux que moi.

– Ne parle pas ainsi. Je connais des héros dont tu n'as pas idée.

Atyek se dressa debout sur le lit et rugit :

– Où sont-ils ?

–Cette nuit, dors tranquille, lui répondit sa femme. Demain si tu veux je ferai ton bagage et je te dirai comment trouver ces hommes forts. Pour l'instant, bonsoir.

Dès le soleil levé Atyek boucla sa ceinture et sella son cheval. Il dit à son épouse :

–Montre-moi le chemin.

Elle ôta de son doigt un anneau d'or gravé, et le passant au doigt de son homme :

–Ne le perds pas, dit-elle. Si tu es en danger, essuie lentement la sueur à ton front, afin que l'ennemi qui sera devant toi ait le temps de le voir. Va maintenant. Suis la route trois jours vers l'est, puis le quatrième jour chevauche jusqu'à midi. Alors tu parviendras devant un chêne planté au carrefour de quatre chemins. Assieds-toi à l'ombre de cet arbre, et tu verras venir un héros véritable. Rapporte-moi sa tête ou laisse-lui la tienne. Au revoir si tu vis, adieu si tu meurs.

Atyek s'en alla. Il voyagea trois jours et une matinée. Vers l'heure de midi il vit un chêne haut planté au croisement de quatre grands chemins. Il s'installa sous son feuillage. À droite il ne vit rien, ni devant ni derrière. Il regarda à gauche. Il vit un cavalier qui s'avançait au pas de sa monture. L'homme semblait dormir. Sa tête ballottait, il ronflait doucement. Atyek pensa : « Voilà celui que j'attendais. » Il cria :

–Holà, ho, défends-toi !

Il tira son épée, la fit tournoyer, l'abattit sur la nuque du passant somnolent. La lame se brisa aussi net que s'il eut frappé une enclume. L'homme grogna mais ne s'éveilla point. Atyek, aussi stupéfait que furibond, poussa un rugissement de jeune tigre et enfonça dans son œil ce qui lui restait d'arme. L'homme agita la tête comme si quelque abeille troublait sa sieste, puis il ouvrit les yeux, vit Atyek devant lui, le souleva d'un doigt sous le menton, lui lia pieds et poings, le suspendit à sa selle, descendit de cheval sous le grand arbre et alluma son feu. Atyek partit tout à coup d'un grand rire. L'homme lui demanda :

– Pourquoi ris-tu, garçon ?

– Détache-moi, assieds-moi près de toi, et je te le dirai.

L'homme trancha les cordes en deux coups de couteau. Atyek tomba sur l'herbe.

– Tu es plus fort que moi, voilà pourquoi j'ai ri, dit-il, riant encore. J'ai voulu te tuer, j'ai brisé mon épée. J'ai voulu t'aveugler, je t'ai ouvert les yeux. Je croyais que j'étais un héros. Je ris de ma sottise, et je ris tant que j'en ai des sueurs.

Il essuya son front d'un lent revers de main. L'homme vit à son doigt l'anneau d'or que lui avait donné son épouse. Il dit :

– Ma force est à peine moyenne. Ma mère a eu sept fils. Moi, j'étais le plus jeune. Tous les matins un cavalier

passait devant notre maison. Il venait de l'Orient, allait vers l'Occident. Il était plus rapide qu'un coup d'œil d'est en ouest ! On le voyait à peine. Il traversait la plaine et les feuilles tombaient des arbres. Un jour, mes frères ont dit : « Arrêtons-le. » Nous nous sommes mis au travers de sa route, avec nos épées nues. Sans ralentir sa course il a réduit mes six aînés en poussière sanglante. Moi je me suis trouvé déshabillé de tout, armes, chemise, bottes, par le seul tourbillon de tempête qu'il souleva, quand il passa. Dis-moi, garçon, qui t'a donné l'anneau que tu portes à ce doigt ?

Atyek lui répondit :

– Ma femme.

L'homme rit à son tour.

– Garçon, soyons amis. Ton épouse est ma sœur.

Ils s'en allèrent ensemble. Au soir ils arrivèrent au village où vivaient les beaux-parents d'Atyek. Là étaient aussi ses beaux-frères, ses cousins et ses oncles. On le mena devant le plus ancien de tous. Il était centenaire. Atyek lui confia ses désirs et ses rêves. L'Ancien lui dit :

– J'ai voulu être sage. J'ai cru que je l'étais. Comme toi j'ai trouvé mon maître dans un pays où je voyageais. Il était plus savant que moi, mille fois plus savant. Et cet homme m'a dit : « Mon maître à moi est plus savant, mille fois plus que je ne pourrais l'être. » Garçon, sois courageux. Ce monde est infini. Sa beauté est terrible.

– Amenons avec nous Atyek à la bataille et voyons s'il

est brave, dirent les autres. S'il ne l'est pas, qu'il meure !

Ils s'en furent chercher querelle dans la plaine aux villages voisins. Les compagnons d'Atyek le poussèrent devant, au plus chaud des combats, mais tous, sans qu'il n'en sache rien, écartèrent les coups qui pouvaient le tuer. Il apprit l'héroïsme auprès de ces gens. Ils revinrent vainqueurs. L'Ancien lui dit :

– Garçon, nous sommes fiers de toi. Tu es maintenant un homme véritable.

Atyek lui répondit :

– Ma femme attend mon retour. Elle doit s'impatienter, et j'ai hâte de la voir.

Ses cousins et beaux-frères chargèrent un chariot de cadeaux magnifiques et lui dirent adieu.

Son épouse l'accueillit sur le pas de la porte. Elle lui demanda :

– As-tu vu des héros ? Sont-ils meilleurs que toi ?

Il répondit :

– Salut ! Ton anneau m'a sauvé. L'Ancien m'aime et je l'aime. La vie est une flèche à la course infinie. Pauvres êtres ! Nous sommes des fourmis, nous disons aux étoiles : « Oh, petites ! Oh, menues ! » Femme, soyons heureux et rions de nous-mêmes !

J'ai entendu ces mots, j'ai couru vous porter cette bonne nouvelle : Atyek est revenu, il va bien, Dieu le garde !

Les Trois Conseils

Il était autrefois deux princes. Ils s'aimaient autant que deux frères. L'un mourut. Son ami resta seul au monde. Le fils du mort hérita d'un château puissant et de vastes pâturages. Ainsi devenu riche, il mena grande vie. Des compagnons vinrent de partout festoyer chez lui. Ces gens eurent tôt fait d'épuiser sa fortune. Un matin, il s'éveilla pauvre comme l'hiver. Alors il se souvint (il l'avait oublié) de l'ami de son père. Il alla le voir.

–Mon oncle, lui dit-il, que Dieu t'aime toujours. J'ai besoin d'aide.

Le prince répondit :

– Ilyas (c'était son nom), je peux t'offrir mille chevaux, une belle demeure et cette vallée verte par où tu es venu. Je peux aussi te donner trois conseils. Réfléchis, et choisis.

Le garçon médita trois jours. Quand vint le quatrième :

– J'avais des biens et je les ai perdus, dit-il. Mon oncle, donne-moi les trois paroles sages.

– Ilyas mon neveu, n'oublie pas la première : Ce soir à la tombée du jour mets pied à terre et campe où tu seras. Ne poursuis pas ta route. N'oublie pas la deuxième : Si ton chemin te mène à la fille liée qu'on insulte et qu'on tourmente, ne la délivre pas, laisse l'affaire à Dieu. Enfin dix ans durant n'oublie pas la troisième : Compte jusqu'à cent avant de tuer l'homme.

– Quel homme ? dit Ilyas.

– Tu le sauras, répondit le vieux prince.

Ilyas se mit en route. Dès que le jour tomba il attacha sa bête à un tronc d'arbre et alluma du feu. Il ventait et neigeait. « Peut-être aurais-je pu atteindre un village où dormir », se dit-il. Il resta pourtant assis devant les flammes sur la plaine glacée. À l'aube il repartit. Devant lui dans la brume il aperçut bientôt un cheval noir qui trottait au hasard, sans cavalier en selle. Deux sacs battaient sa croupe. Ils étaient remplis d'or. Plus loin encore il vit un cheval gris avec deux sacs semblables.

Plus loin un cheval blanc pareillement chargé. Il les prit par la bride, les attacha chacun au train de l'autre et les mena ensemble. Plus loin il découvrit trois hommes serrés les uns contre les autres sur la terre dure. Ils étaient morts de froid. « Voilà les maîtres des chevaux, se dit Ilyas. Si j'avais poursuivi mon chemin cette nuit, je serais mort comme eux. » Il bénit son oncle dans son cœur.

Il arriva vers midi dans un village étrange. Il ne semblait peuplé que de filles et de femmes. Trois vieilles l'accueillirent avec son équipage de bêtes chargées d'or. Elles le firent boire et manger. Quand il fut rassasié, il osa demander où se trouvaient les hommes. Elles lui répondirent :

– Ils ont pris le sentier qui monte à ces hautes murailles, sur la montagne. Nos maris sont partis. Aucun n'est revenu. Nos fils les ont suivis. Nous sommes sans nouvelles.

– Mères, leur dit Ilyas, j'irai demain à cette forteresse.

À l'instant de partir :

– Je reviendrai bientôt, dit-il. Prenez soin de mes bêtes.

Il s'en fut par le chemin montant. Il grimpa tout le jour, toute la nuit encore. Au matin il parvint devant la

forteresse. Dans l'ombre du rempart à droite de la porte une fille pendue au mur par les poignets hurlait et sanglotait. À gauche de la porte un être épouvantable était aussi lié. Il avait un corps d'homme, une tête de porc et des yeux beaux et tristes. Des gardes s'agitaient autour de ces deux créatures. L'un d'eux fouettait la fille. Les autres l'insultaient. Ils lui criaient :

– Bougresse, épouse notre monstre, sinon la mort t'attend, la mort, la mort, la mort !

À chaque « mort » le fouet déchirait son corps. Ilyas lui demanda :

– Fille, quel crime as-tu commis ?

– Elle refuse d'obéir, répondirent les gardes. Elle est folle. Va-t'en.

Ilyas se sentit pris de rage et de pitié. Il sortit à demi son couteau de sa ceinture. Alors dans son esprit apparut le visage de son oncle le vieux prince. Il entendit les mots du deuxième conseil. Il ravala sa colère et dit :

– Dieu l'a voulu, fille. Épouse ce monstre.

À gauche de la porte aussitôt l'être abominable se changea en un jeune homme de belle mine, et ses liens tombèrent. À droite de la porte la fille soupira et sourit, elle aussi libérée du fouet et des liens.

– Ma tant-aimée ! gémit le Transformé.

Il pleurait et riait.

– Mon époux, dit-elle.

Ils s'embrassèrent. Autour d'Ilyas les gardes s'assemblèrent.

– Tu nous as tous sauvés, lui dirent-ils, joyeux. Viens, entrons au château.

Ils entrèrent dans la cour. À des anneaux de fer les maris et les fils du village étaient enchaînés. Leurs cheveux poussiéreux couvraient leur face et leurs ongles étaient longs comme des branches mortes. Les gardes dirent à Ilyas :

– Ces gens se sont émus de ce que nous faisions, mais aucun comme toi n'a dit le nom de Dieu que depuis dix ans nous espérions d'un homme. C'est pourquoi la malédiction que subissaient nos maîtres les a frappés aussi.

– Qu'ils soient délivrés, dit Ilyas.

À l'instant ils le furent. Ils s'en revinrent en chantant au village. Ils festoyèrent trente jours. Un matin Ilyas dit :

– Les hommes, je m'en vais.

Les hommes répondirent :

– Où tu vas nous irons. Nous serons ton armée. Tu seras notre prince.

Ils s'en allèrent en longue troupe. Ils chevauchèrent longtemps par les plaines et les montagnes. Enfin ils arrivèrent au village d'Ilyas. Ils le virent en ruine. La maison de famille était envahie d'herbes et de buissons.

Une lueur brillait dans une étable. Ilyas à pas de loup s'approcha de la lucarne et regarda dedans. Près d'une lampe il vit son épouse couchée. Elle tenait serrée une ombre dans ses bras. « Ma femme me trahit », se dit-il. Il sortit son couteau. Alors dans son esprit apparut à nouveau le visage de son oncle le vieux prince. Son troisième conseil aussitôt lui revint : « Compte jusqu'à cent avant de tuer l'homme. » Il resta immobile. Il entendit ces mots :

– Ne pleure pas, mon fils, écoute le silence, ton père est en chemin, peut-être est-il déjà à l'entrée du village, peut-être voit-il notre lampe qui brille. La nuit s'en va, mon fils, mon agneau, le jour vient.

Quand Ilyas avait quitté sa maison, sa femme était enceinte. Dix ans étaient passés. Il fit sonner ses éperons sur la pierre du seuil. Il entendit encore :

– Prends la lampe, mon fils, va ouvrir à ton père.

La lampe entre le père et le fils éclaira l'un et l'autre. Entre leurs regards heureux n'était plus rien qu'une flamme vacillante dans le matin naissant.

La Femme aux Mains de Lumière

Dans la montagne verte fut autrefois la citadelle d'un guerrier à l'âme forte nommé Psébadé, et de son épouse Adaya, belle comme un soleil. Cette demeure sauvage était bâtie au bord d'un torrent impétueux et profond. C'était une retraite sûre. Psébadé n'y craignait personne.

Quand il partait en expédition, Adaya s'asseyait à la fenêtre de sa plus haute tour, tendait ses mains au-dehors et éclairait son chemin. Car cette femme incomparable avait le pouvoir de faire jaillir la lumière de ses doigts blancs. Elle assurait ainsi les pas de son époux, tandis qu'il descendait dans la brume de l'aube vers les plaines fertiles. Et quand, la nuit, l'ennemi aux trousses, il revenait chargé du butin de ses razzias, elle lançait un pont de toile au travers du torrent et l'illuminait puissamment. Dès que Psébadé avait passé ce pont, elle s'empressait de le relever, puis à la hâte cachait ses mains rayonnantes. Alors ceux qui le poursuivaient se perdaient dans les ténèbres et, mouillés de l'écume des cascades qu'ils n'osaient traverser, ils s'en retournaient à grand-peine chez eux.

Or, il advint que ses exploits enviables gonflèrent Psébadé d'orgueil bavard, au point qu'un jour de festin parmi des voyageurs de passage il se prit à s'enflammer de ses vantardises.

–Qui pourrait me vaincre? dit-il. Personne. Même du pays des géants cyclopes, je reviendrais vivant et riche, s'il me prenait fantaisie d'aller piller chez eux. Hier encore, j'ai franchi le torrent avec dix-huit chevaux pommelés et vingt et une vaches dérobées dans la plaine. Aucun de ceux qui me couraient au train (ils étaient plus de cent) n'a pu me rejoindre!

Adaya, l'entendant ainsi parler, baissa le front et murmura, soudain renfrognée:

–Ne suis-je donc pour rien dans tes faits d'armes ?

Psébadé la toisa un moment en silence puis répondit, les sourcils joints et la bouche arquée :

–Je vais seul en razzia. Marches-tu à ma place ? Est-ce ta vie ou la mienne que les flèches menacent ? Tais-toi donc, femme, tu ne sais ce que tu dis.

–Homme, ta vanité me fait honte, gronda la belle Adaya, relevant fièrement la tête. Il est des héros plus braves que toi dans le monde.

Psébadé, cognant des deux poings sur la table, se leva, le cœur troué de rage.

–Tu sauras bientôt quelle est ma vraie valeur, dit-il.

Sur l'heure, il sella son cheval et s'en alla.

Cette fois, il se perdit inexplicablement. Il erra, de jour en jour plus amer. Partout où le hasard le conduisit, il fut repoussé. Il ne put piller que maigre pitance. Sa monture se traîna bientôt sur les chemins pierreux, prise d'étrange fatigue, et sa belle pelisse de feutre, délavée par les pluies et les soleils, se fendit au milieu du dos. Alors, à bout de forces, il décida de rentrer chez lui. Pour ne point revenir bredouille, sur le chemin du retour il attaqua un village aux enclos foisonnants de bétail. Il ne put rien voler et se trouva poursuivi par une meute de guerriers aux chevaux vifs. Une nuit, Adaya, du haut de la tour où elle s'était enfermée, l'entendit appeler à l'aide, de l'autre côté du torrent. Elle contempla sur ses genoux ses mains de lumière, mais ne bougea pas, pensant qu'il devait vaincre seul les ténèbres, puisqu'il en avait ainsi décidé. Elle attendit, guettant le bruit de la porte et le pas ferré de son époux sur les dalles. Le silence s'obstina.

Alors, prise d'inquiétude, elle vint à la fenêtre, ouvrit le volet, tendit au-dehors ses doigts éblouissants. Le bord du torrent était désert. Au loin, vers les terres basses, elle vit une tache noire sur une vaste pierre plate. Elle sortit à la hâte et, bondissant de rocher en buisson le long de la rive, elle parvint toute échevelée où était le corps de Psébadé que le courant tumultueux avait emporté.

Il était mort. Elle poussa un hurlement de détresse et d'effroi, s'abattit sur lui et le tint embrassé jusqu'à l'aube. Quand le jour vint, elle l'ensevelit, s'agenouilla sur sa tombe et pleura. Elle resta ainsi sept jours et sept nuits, le visage dans ses mains. Au matin du huitième jour, vint à passer un cavalier. Il était beau et large. Sa chevelure brillait au soleil neuf. Voyant cette belle femme perdue dans son chagrin, il mit pied à terre et lui demanda pourquoi elle se lamentait ainsi.

– Qu'importe, lui dit-elle. Tu ne peux rien pour moi. Passe ton chemin.

L'homme lui répondit :

– Secourir une femme dans la peine porte chance aux aventureux. Réfléchis. Dans une heure, je reviendrai. Alors tu me diras quelle douleur te tient, et je t'aiderai.

Il remonta en croupe et s'en fut le long du torrent.

Adaya le suivit des yeux. Elle le vit bientôt pousser son cheval dans les eaux tourbillonnantes. Elle pensa : « Il va se noyer. » Elle voulut lui crier de prendre garde. Elle n'en eut pas le temps. La monture et le cavalier, ruisselants d'écume, déjà reprenaient pied sur l'autre rive. « Quelle vaillance ! se dit-elle. Le héros que je pleure fut moins brave que lui, pour mon malheur. Par la souveraine des mers et des rivières, il faut que j'éprouve cet homme ! » Elle releva la tête, ouvrit les bras et pria ainsi le Ciel :

– Déesse terrible et généreuse, fais que le jour s'obscurcisse, que la tempête gronde, que les éclairs déchirent les nuées, que les cascades submergent les terres !

La sévère dame des rivières l'exauça. À peine Adaya avait-elle parlé que de lourds nuages s'élevèrent, effacèrent la lumière du jour, tombèrent en aveuglants déluges. Dans le fracas de la tourmente, la femme aux doigts de lumière, courbée sur la tombe de son époux, entendit soudain un galop crépitant. Elle se redressa et vit au travers de l'averse le cavalier accourir à nouveau vers elle.

– Pourquoi es-tu revenu ? lui cria-t-elle.

Il lui répondit en riant :

– Pouvais-je t'abandonner dans une pareille tempête ?

– Tu as risqué mille morts à franchir deux fois ce torrent. Vois comme il est furieux.

– Ce n'est pas moi qui l'ai franchi, c'est mon cheval, dit l'homme, riant de plus belle.

Cette réponse plut à Adaya. Elle baissa la tête pour dissimuler la lueur de ses yeux. Le cavalier s'assit à côté d'elle et couvrit ses épaules de son vaste manteau. Alors, tout soudain, la pluie cessa, les nuages se dispersèrent, le soleil à nouveau brilla, haut dans le ciel, et la terre alentour verdit. Seul, le sol de la tombe resta aride et noir.

– Regarde, dit Adaya. Tout, autour de nous, semble éprouver du bonheur à vivre. Tout a fleuri en un instant, sauf ce carré de terre où est un mort. Pourquoi ?

– Parce que celui qui est couché là n'aimait que lui-même, répondit l'homme. Il n'aimait pas la vie.

Adaya baissa la tête et murmura :

– Celui qui est couché là m'aimait et je l'aimais. Il était mon époux.

– Tu l'aimais, mais il ne t'aimait pas, dit l'homme. S'il t'avait aimée, sa tombe se serait couverte de fleurs.

Il regarda la jeune femme, lui sourit. Un long moment elle le regarda aussi.

– Comme ta chaleur est bonne, dit-elle.

Puis elle sortit brusquement de l'abri du manteau et se mit à disperser à grands gestes rageurs le tertre qu'elle avait élevé. Son compagnon lui demanda pourquoi elle se prenait ainsi de fureur. Elle gronda :

– Cet homme qui n'aimait que lui ne mérite pas qu'on se souvienne de sa vie.

– Tu as pris une peine inutile à élever cette tombe, lui dit le cavalier. Tu prends une peine inutile à la détruire. Qu'elle demeure telle qu'elle est et, en la voyant stérile, que rougissent de honte ceux qui n'aiment qu'eux-mêmes.

L'homme aux mains puissantes et la femme aux mains de lumière se levèrent et s'en furent ensemble le long du torrent, sous le soleil paisible.

Le Maître du Jardin

Il était un roi d'Arménie. Dans son jardin de fleurs et d'arbres rares poussait un rosier chétif et pourtant précieux entre tous. Le nom de ce rosier était Anahakan. Jamais, de mémoire de roi, il n'avait pu fleurir. Mais s'il était choyé plus qu'une femme aimée, c'était qu'on espérait une rose de lui, l'Unique dont parlaient les vieux livres. Il était dit ceci : « Sur le rosier Anahakan un jour viendra la rose généreuse, celle qui donnera au maître du jardin l'éternelle jeunesse. »

Tous les matins le roi venait donc se courber dévotement devant lui. Il chaussait ses lorgnons, examinait ses branches, cherchait un espoir de bourgeon parmi ses feuilles, n'en trouvait pas le moindre, se redressait enfin, la mine terrible, prenait au col son jardinier et lui disait :

– Sais-tu ce qui t'attend, mauvais bougre, si ce rosier s'obstine à demeurer stérile ? La prison ! L'oubliette profonde !

C'est ainsi que le roi tous les printemps changeait de jardinier. On menait au cachot celui qui n'avait pu faire fleurir la rose. Un autre venait, qui ne savait mieux faire, et finissait sa vie comme son malheureux confrère, entre quatre murs noirs.

Douze printemps passèrent, et douze jardiniers. Le treizième était un fier jeune homme. Il s'appelait Samvel. Il dit au roi :

– Seigneur, je veux tenter ma chance.

Le roi lui répondit :

– Ceux qui t'ont précédé étaient de grands experts, des savants d'âge mûr. Ils ont tous échoué. Et toi, blanc-bec, tu oses !

– Je sens que quelque chose, en moi, me fera réussir, dit Samvel.

– Quoi donc, jeune fou ?

– La peur, seigneur, la peur de mourir en prison !

Samvel par les allées du jardin magnifique s'en fut à son rosier. Il lui parla longtemps à voix basse. Puis il bêcha la terre autour de son pied maigre, l'arrosa, demeura près de lui nuit et jour, à le garder du vent, à caresser ses feuilles. Il enfouit ses racines dans du terreau moelleux. Aux premières gelées il l'habilla de paille. Il se mit à l'aimer. Sous la neige il resta comme au chevet d'un enfant, à chanter des berceuses. Le printemps vint. Samvel ne quitta plus des yeux son rosier droit et frêle, guettant ses moindres pousses, priant et respirant pour lui. Dans le jardin des fleurs partout s'épanouirent, mais il ne les vit pas. Il ne regardait que la branche sans rose. Au premier jour de mai, comme l'aube naissait :

– Rosier, mon fils, où as-tu mal ?

À peine avait-il dit ces mots qu'il vit sortir de ses racines un ver noir, long, terreux. Il voulut le saisir. Un oiseau se posa sur sa main, et les ailes battantes lui vola sa capture. À l'instant un serpent surgit d'un buisson proche. Il avala le ver, il avala l'oiseau. Alors un aigle descendit du haut du ciel. Il tua le serpent, le prit dans ses serres, s'envola. Comme il s'éloignait vers l'horizon où le jour se levait, un bourgeon apparut sur le rosier. Samvel le contempla, il se pencha sur lui, il l'effleura d'un souffle, et lentement la rose généreuse s'ouvrit au soleil du matin.

– Merci, dit-il, merci.

Il s'en fut au palais en criant la nouvelle. Le roi était au lit. Il bâilla. Il grogna :

– Moi qui dormais si bien !

– Seigneur, lui dit Samvel, la rose Anahakan s'est ouverte. Vous voilà immortel, ô maître du jardin !

Le roi bondit hors de ses couvertures, ouvrit les bras, rugit :

– Merveille !

En chemise, pieds nus, il sortit en courant.

– Qu'on poste cent gardes armés de pied en cap autour de ce rosier ! dit-il, gesticulant. Je ne veux voir personne à dix lieues à la ronde ! Samvel, jusqu'à ta mort, tu veilleras sur lui !

Samvel lui répondit :

– Jusqu'à ma mort, seigneur.

Le roi dans son palais régna dix ans encore puis un soir il quitta ce monde en disant ces paroles :

– Le maître du jardin meurt comme tout le monde. Tout n'était que mensonge.

– Non, dit le jardinier, à genoux près de lui. Le maître du jardin, ce ne fut jamais vous. La jeunesse éternelle est à celui qui veille, et j'ai veillé, seigneur, et je veille toujours, de l'aube au crépuscule, du crépuscule au jour.

Il lui ferma les yeux, baisa son front pâle, puis sortit sous les étoiles. Il salua chacune. Il dit :

– Bonsoir, bonsoir, bonsoir.

Samvel avait le temps désormais. Tout le temps.

Arachné

Il était une fois, dans un village de la vieille Grèce, une jeune paysanne nommée Arachné. Cette fille de beauté simple et de cœur paisible avait un don fort étonnant qu'elle n'avait hérité de personne puisque personne, en ce temps-là, n'avait jamais eu le même : elle savait tisser la laine, et le faisait avec une étourdissante agilité. Quand elle travaillait, assise sur son banc de pierre devant sa porte, les femmes du village venaient toutes autour d'elle, se penchaient sur son ouvrage, regardaient bouche bée danser ses doigts, des heures durant.

– Pour être aussi habile, lui disaient-elles, il faut assurément que tu aies été instruite par la déesse Athéna, la plus parfaite des vivantes célestes.

Arachné souriait et poursuivait sans un mot son travail éblouissant. Elle ne répondit pas à cette réflexion cent fois répétée jusqu'à ce que, un jour, perdant patience, elle redresse la tête et lance fièrement à ses compagnes ébahies :

– Personne ne m'a rien appris. Cet art est à moi seule. Voyez mon œuvre. Croyez-vous que la déesse Athéna saurait tisser aussi subtilement ? Je la mets au défi de faire mieux que moi.

En ce temps-là, le ciel était proche de la terre et les dieux fréquentaient volontiers les humains. Athéna entendit donc les paroles d'Arachné, s'offusqua de se voir ainsi provoquée, laissa aussitôt ses affaires célestes et apparut environnée d'une étincelante nuée parmi les chiens, les volailles et les paysans du village. Elle s'avança, majestueuse, suivie par les gens et les bêtes, vers l'humble maison de sa rivale, fit halte devant elle dans la lumière du seuil et lui dit :

– Ainsi, femme imprudente, tu prétends me surpasser dans l'art du tissage. Je te propose donc un combat pacifique. Installons-nous ensemble sous l'arbre de la place et tissons chacune notre ouvrage. Les hommes et les femmes d'ici jugeront quelle est, de nous deux, la plus habile. Cela te convient-il ?

La jeune femme se raidit pour ne point trembler et répondit :

– Cela me convient.

Arachné la mortelle et Athéna la déesse s'assirent donc à l'ombre du grand arbre, devant leur métier à tisser. Les fils de laine, d'or et de pourpre se mirent à virevolter dans l'air et à s'entrecroiser parmi les rayons de soleil sous le regard ébloui des villageois assemblés. Athéna composa, sur une tapisserie d'une extrême finesse, les visages des Immortels de l'Olympe. Ils apparurent bientôt merveilleusement colorés. On les aurait dits animés de vie dans le vent léger qui faisait bouger le tissu. Arachné, elle, tissa les figures de toutes les femmes que Zeus, le dieu des dieux, avait un jour séduites. Les traits, les regards de ces images étaient si mélancoliques qu'ils bouleversèrent jusqu'au fond du cœur ceux qui les virent naître de ses doigts.

Quand vint le crépuscule, les deux tapisseries furent étendues sur le sol. Les villageois restèrent longtemps béats et muets devant ces merveilles offertes à leur jugement. Elles étaient l'une et l'autre parfaites.

– Nous ne pouvons choisir, dirent-ils enfin. Ces œuvres sont incomparables. Autant nous demander de décider quel est le plus beau chant, celui de l'oiseau ou celui de la source. Nous vous déclarons toutes les deux, toi la déesse et toi la mortelle, de semblable valeur.

Arachné sourit, heureuse et fière. Athéna contempla les hommes alentour et chacun frémit, voyant un feu terrifiant et superbe embraser son regard. Qu'une mortelle soit jugée son égale lui était en vérité une blessure insupportable.

– J'estime outrageant pour mon père Zeus, et donc inacceptable, qu'une vulgaire mortelle ait osé représenter dans la basse lumière de votre monde les femmes qui furent honorées par le dieu des dieux, gronda-t-elle.

Elle ramassa la tapisserie d'Arachné, d'un geste rageur la déchira en deux et la jeta au vent.

Arachné, les mains sur le visage, poussa un grand cri, s'enfuit par les rues étroites, se réfugia dans sa maison et s'y enferma. Les villageois, n'osant rien dire, quittèrent la place, tête basse. Athéna les regarda s'éloigner, hautaine et sévère, immobile, muette. Demeurée seule, elle attendit un moment le retour de sa rivale. La lune apparut au-dessus du grand arbre. Arachné ne revint pas.

Alors la déesse partit à sa rencontre. Une colère froide, maintenant, mordait son cœur où n'était plus qu'un seul désir : châtier l'impudente mortelle qui l'avait humiliée.

Au bout de la ruelle, la porte de la maison d'Arachné grinçait au vent du soir. Athéna entra. Elle trébucha dans la pénombre contre un tabouret renversé et des pelotes de laine jetées en vrac sur le sol. Dans la cheminée ne fumaient plus que des cendres. Comme elle s'avançait, elle aperçut une longue forme blanche suspendue à la poutre du plafond. Elle s'approcha vivement et reconnut la jeune fille.

Sa tête, qu'une corde serrait au cou, était penchée de côté, ses yeux grands ouverts ne voyaient plus, sa chevelure dénouée cachait à demi sa figure, ses pieds se balançaient dans le vide. Elle n'avait pu survivre à son œuvre si méchamment détruite et s'était pendue. Athéna caressa son visage. Il était encore tiède. Arachné n'était pas tout à fait morte. Elle respirait et gémissait, faiblement.

Alors, tandis que la lueur de la lune entrait par la porte ouverte, la déesse prit les mains qui pendaient, inertes, le long du corps, et la mortelle, lentement, se métamorphosa. Sa chevelure tomba, son nez s'effaça, sa bouche aussi, sa tête noircit et se racornit. Son corps se rétrécit, se rétracta. Il ne fut plus bientôt qu'une boule, qu'un ventre hérissé de fourrure. Ses membres se multiplièrent, s'affinèrent, s'allongèrent. Arachné parut renaître, mais quelle vie étrange et sournoise l'habitait maintenant ! Elle remonta le long de la corde à laquelle elle s'était pendue, se hissa sur la poutre du plafond. Athéna se détourna et s'en fut dans la nuit.

Derrière elle, le village s'éteignit. Dans sa maison, Arachné accroupie sur la poutre enfumée se mit à tisser une toile infiniment fragile, la première d'une éternité de labeur obscur : elle était devenue une araignée.

On dit que dans son nouveau corps elle enseigna aux hommes l'art du tissage. Cette victime des dieux fut ainsi l'une des plus grandes bienfaitrices de l'humanité. Pour l'injuste malheur qu'elle subit autant que pour le bien qu'elle nous fit, qu'elle soit honorée jusqu'à la fin des temps.

Cinquante Écus de Sagesse

Il était une fois un village où les gens se disputaient sans cesse. L'un disait-il bonjour, l'autre lui répondait que le jour n'était pas aussi bon qu'il le prétendait, un troisième rétorquait que le ciel était bleu, et donc que l'on pouvait parler sans erreur de « jour bon ». Là-dessus le premier, soucieux de n'être pas en reste, estimait qu'il pleuvrait avant le soir tombé, un quatrième braillait, par la culotte de Dieu, que ces supputations météorologiques lui cassaient les oreilles, le forgeron venait brandir sa masse d'arme et les femmes entonnaient leurs chorales acariâtres. Bref, ces gens n'étaient d'accord sur rien, sauf sur le fait d'être sur tout en désaccord.

Or un soir, comme passait un ange sous l'orme de la place, un vieux dit calmement :

– Nous manquons de sagesse.

Autour de lui on se racla la gorge, et chacun convint que la raison n'habitait certes pas chez le voisin d'en face. Pour la première fois on se prit à réfléchir. Le vieux profita de cette marée basse pour avancer une idée qui le tarabustait depuis que sa femme lui avait cassé le nez d'un coup de poêle à frire.

– Mes amis, dit-il, je connais bien Venise.

On bâilla.

– Et alors ?

– C'est une ville sainte. La sagesse y pousse aussi dru que le chiendent chez nous. Allons en acheter. Nous la cultiverons, et nous vivrons en paix.

Les hommes convinrent qu'en effet quelques graines d'esprit ne seraient pas de trop dans leur jardin public. Ils décidèrent donc, puisque dans cette ville on trouvait à profusion de cette denrée rare, d'y faire leur marché. Ils désignèrent trois d'entre eux parmi les plus sobres. On leur donna cinquante écus, un sac à provisions, une barque, et dès l'aube du lendemain ils hissèrent la voile.

À peine débarqués à Venise, tout farauds, ils coururent après les gens.

– Hé, monsieur, ho, madame, auriez-vous s'il vous plaît de la sagesse à vendre ?

On les crut fous, on haussa les épaules. Tout le jour, bravement ils arpentèrent les rues et les places en quête de ce bien précieux qu'ils étaient venus chercher. Au soir, comme ils interrogeaient une servante sourde dans la taverne où ils avaient pris logement, un élégant malandrin vint s'asseoir à leur table.

– De l'esprit ? leur dit-il. J'en vends. De la sagesse ? Il m'en reste un coffret. Allons, vous me plaisez. Je peux vous le céder pour cinquante écus d'or. C'est donné.

Les autres lui tendirent leur bourse. L'escroc s'en fut dans l'arrière-cuisine, attrapa une souris, la fourra dans une boîte en fer, revint et dit aux trois compères :

– Ne soulevez pas ce couvercle avant d'être chez vous. La sagesse est dedans. Son parfum est capiteux mais fragile. Craignez qu'il ne s'évente. Bon retour sur vos terres, heureux hommes !

Les trois godelureaux s'en allèrent, chacun voulant porter leur trésor sous son bras, se disputant déjà l'honneur d'être celui qui poserait la boîte à l'ombre de l'orme, dans un silence ému, devant le village assemblé.

Le lendemain ils reprirent la mer. Or, comme ils naviguaient :

– Puisque cette sagesse doit être partagée, dit l'un, j'ai envie d'en flairer l'odeur, en guise de hors-d'œuvre.

– Bonne idée. Moi aussi, répondit le deuxième.

Le troisième dit :

– J'entends gratter dedans.

La boîte à peine ouverte la souris bondit dehors et bientôt disparut dans le fond du navire. Les hommes lui coururent après. Ce fut en vain. Ils débarquèrent dans le village en fête penauds comme des pénitents. Ils avouèrent tout.

– La sagesse ? On aurait dit un rat. Elle nous a échappé. Elle s'est cachée quelque part dans la cale.

On gronda autour d'eux. On leva des bâtons. Alors le vieux ouvrit les bras et dit :

– La sagesse, messieurs, est là, dans ce bateau. C'est le point essentiel. Tirons-le donc au sec. Qu'on monte la garde autour de lui afin qu'elle n'en sorte pas, et nous irons tous les dimanches dans ce temple nouveau nous imprégner de son parfum. Ainsi nous deviendrons des gens estimés de Dieu.

Ils firent ainsi. Et de ce jour, chacun redoutant fort l'œil pointu du voisin, ils prétendirent tous avoir le nez sensible et ne parlèrent plus, sereins comme des papes, que de beautés profondes.

Le Conteur

Il était une fois un homme nommé Yacoub. Il vivait pauvre mais sans souci, heureux de rien, libre comme un saltimbanque, et rêvant sans cesse plus haut que son front. En vérité, il était amoureux du monde. Or, le monde alentour lui paraissait morne, brutal, sec de cœur, sombre d'âme. Il en souffrait. « Comment, se disait-il, faire en sorte qu'il soit meilleur ? Comment amener à la bonté ces tristes vivants qui vont et viennent sans un regard pour leurs semblables ? » Il ruminait ces questions par les rues de Prague, sa ville, errant et saluant les gens qui ne lui répondaient pas.

Or, un matin, comme il traversait une place ensoleillée, une idée lui vint : « Et si je leur racontais des histoires ? pensa-t-il. Ainsi, moi qui connais la saveur de l'amour et de la beauté, je les amènerais assurément au bonheur. » Il se hissa sur un banc et se mit à parler. Des vieillards, des femmes étonnées, des enfants, firent halte un moment pour l'écouter, puis se détournèrent de lui et poursuivirent leur route.

Yacoub, estimant qu'il ne pouvait changer le monde en un jour, ne se découragea pas. Le lendemain il revint en ce même lieu et à nouveau lança au vent, à voix puissante, les plus émouvantes paroles de son cœur. De nouvelles gens s'arrêtèrent pour l'écouter, mais en plus petit nombre que la veille. Certains rirent de lui. Quelqu'un le traita même de fou, mais il ne voulut pas l'entendre. « Les paroles que je sème germeront, se dit-il. Un jour elles entreront dans les esprits et les éveilleront. Je dois parler, parler encore. »

Il s'obstina donc et, jour après jour, vint sur la grand-place de Prague parler au monde, conter merveilles, offrir à ses pareils l'amour qu'il se sentait. Mais les curieux se firent rares, disparurent, et bientôt il ne parla plus que pour les nuages, le vent et les silhouettes pressées qui lui lançaient à peine un coup d'œil étonné, en passant. Pourtant il ne renonça pas.

Il découvrit qu'il ne savait et ne désirait rien faire d'autre que conter ses histoires illuminantes, même si elles n'intéressaient personne. Il se mit à les dire les yeux fermés, pour le seul bonheur de les entendre, sans se soucier d'être écouté. Il se sentit bien en lui-même et désormais ne parla plus qu'ainsi : les yeux fermés. Les gens, craignant de se frotter à ses étrangetés, le laissèrent seul dans ses palabres et prirent l'habitude, dès qu'ils entendaient sa voix dans le vent, d'éviter le coin de place où il se tenait.

Ainsi passèrent des années. Or, un soir d'hiver, comme il disait un conte prodigieux dans le crépuscule indifférent, il sentit que quelqu'un le tirait par la manche. Il ouvrit les yeux et vit un enfant. Cet enfant lui fit une grimace goguenarde et lui dit en se hissant sur la pointe des pieds :

– Ne vois-tu pas que personne ne t'écoute, ne t'a jamais écouté, ne t'écoutera jamais ? Quel diable t'a donc poussé à perdre ainsi ta vie ?

– J'étais fou d'amour pour mes semblables, répondit Yacoub. C'est pourquoi, au temps où tu n'étais pas encore né, m'est venu le désir de les rendre heureux.

Le marmot ricana :

– Eh bien, pauvre fou, le sont-ils ?

– Non, dit Yacoub, hochant la tête.

–Pourquoi donc t'obstines-tu ? demanda doucement l'enfant, pris de pitié soudaine.

Yacoub réfléchit un instant.

–Je parle toujours, certes, et je parlerai jusqu'à ma mort. Autrefois c'était pour changer le monde.

Il se tut, puis son regard s'illumina. Il dit encore :

–Aujourd'hui c'est pour que le monde, lui, ne me change pas.

Table des matières

La mère des contes	7
Jean de la Vache	13
L'homme qui courait après sa chance	23
Le violoneux	31
Halewyn	41
La légende d'Etaine	53
Le chevalier-fée	65
Ivan Turbinca	71
Sarsembaï	85
Badan le Vieux	97
Atyek et les héros	105
Les trois conseils	113
La femme aux mains de lumière	121
Le maître du jardin	129
Arachné	135
Cinquante écus de sagesse	143
Le conteur	149

Dans la même collection

Contes d'Afrique,

texte de Henri Gougaud, illustré par Marc Daniau, 1999

Contes du Pacifique,

texte de Henri Gougaud, illustré par Laura Rosano, 2000

Histoires des trois souhaits et autres contes,

texte de Isaac Bashevis Singer,

illustré par François Roca, 2000

Aventures,

texte de Italo Calvino, illustré par Yan Nascimbene, 2001

Contes d'Asie,

texte de Henri Gougaud, illustré par Olivier Besson, 2001

Contes du grenier,

texte de Emmanuelle et Benoît de Saint Chamas,

illustré par François Roca, 2002

Contes du Moyen Âge,

texte de Michel Zink,

illustré par Pierre-Olivier Leclercq, 2002

L'Oiseau bleu et autres contes,

texte de Madame d'Aulnoy,

illustré par Laura Rosano, 2002

Contes du Mississippi,

texte de Stéphane Koechlin, illustré par Sophiek, 2002

De Henri Gougaud aux Éditions du Seuil

Le Grand Partir, 1978, et « Points » n° P525
L'Arbre à soleils, 1979, et « Points » n° P304
Le Trouveur de feu, 1980, et « Points Roman » n° R695
Bélibaste, 1982, et « Points » n° P306
L'Inquisiteur, 1984, et « Points » n° P66
Le Fils de l'ogre, 1986, et « Points » n° P385
L'Arbre aux trésors, 1987, et « Points » n° P361
L'Homme à la vie inexplicable, 1989, et « Points » n° P305
L'Expédition, 1991, et « Points » n° P524
Départements et Territoires d'outre-mort, 1991,
et « Points » n° P732
L'Arbre d'amour et de sagesse, 1992, et « Points » n° P360
La Bible du hibou, 1994, et « Points » n° P78
Les Sept Plumes de l'aigle, 1995
Le Livre des amours, 1996, et « Points » n° P584
Les Dits de maître Shonglang, 1997
Paramour, 1998, et « Points » n° P760
Contes d'Afrique, illustré par Marc Daniau, 1999
Le Rire de l'ange, 2000
Contes du Pacifique, illustré par Laura Rosano, 2000
Contes d'Asie, illustré par Olivier Besson, 2001

De Marc Daniau aux Éditions du Seuil

La Cinquième Saison, texte de Hortense Dufour, 1996
Contes d'Afrique, texte de Henri Gougaud, 1999
Les Aventures de Peau et Vent,
texte de Marie-Félicité Ebokea et Michel Ocelot,
musique de Sébastien Buchholz, 2000
Mawati, l'enfant du désert,
texte de Muriel Carminati, 2000
Mon Oncle d'Australie, texte de Michèle Decoust, 2000
Ça ressemble à l'amour, texte de Maria Mercè Roca, 2001

Achevé d'imprimer
en octobre 2002
sur les presses de l'imprimerie Proost
en Belgique